Catch the Rainbow

Jリーグを目指した選手たちの挫折と再生の記録

花木　裕介

西葛西出版

CONTENTS

Webサイトに物語の登場人物のプレー写真を掲載しています。
こちらのQRコードよりご覧ください。

はじめに

サッカーワールドカップに7回連続で出場し、数多くの海外プレーヤーを生み出す国となった日本。そのターニングポイントは、間違いなくJリーグの誕生にあるだろう。

30年を超える歴史の中で、多くの名プレーヤーを生み出し、また若いプレーヤーに夢を与え続けてもいる。開始当初は1リーグ制だった規模は、現在、J3まで含めた3リーグ制となり、Jリーガーの裾野は確実に広がってきている。

その一方で、夢破れるプレーヤーも後を絶たない。むしろ、夢をかなえられないプレーヤーのほうが圧倒的多数である。にもかかわらず、プロになるには海外に出るしかなかった時代とは異なり、身近に夢をかなえているプレーヤーがいるのだから、どうしたってそれが刺激になり、割り切れない感情も出てきてしまうものではないだろうか。

筆者自身、Jリーガーを本気で目指していたわけでもなければ、サッカー界に身を寄せて生きているわけでもない。かつて20代後半まで、東京都社会人サッカーリーグでボールを追いかけてはいたが、現在はヘルスケア業界に身を置く普通の会社員である。ただ一つ、人と違うこと言えば、２０１７年、38歳のとき、ステージ4の咽頭がんを患い、治療後復帰したものの、勤務先でのキャリアアップにおいて挫折した経験を持っていることだ。間近に見えてきていた管理職の道が遠のき、それればかりか責任ある仕事もなかなか任せてもらえなくなった。そうこうしているうちに、同僚や後輩が次々と自分を追い越し、管理職として活躍していく。そういう姿を目の当たりにしてきた。

であればと、勤務先に掛け合って、社団法人設立を許可してもらい、がん罹患経験者の周囲の方々への情報発信を通じて、自身の第2のキャリア形成を始めた。その一環として、がん罹患を機に失った機会やものに対して「キャンサーロスト」と名付け、そうした事実の普及活動などにも努めている。

まだまだ活動は道半ばだが、その過程でふと気が付いた。「こうした喪失感や挫折感を抱えているのは、決して病気を経験した人ばかりではないはずだ。かつて自分もプレーしていたサッカーの世界においても起こりうることなのではないか。むしろ、そちらのほうがより多くの挫折が生まれているのではないか」と。

ちょうどそのころ、育児もひと段落し、少し自分の時間が持てるようになったことから、以前に増してサッカー観戦に通えるようになったことも自分にとって追い風だった。Ｊリーグに加え、ＪＦＬや全国高校サッカー選手権大会の本大会や県予選、高校年代最高峰の戦いであるプレミアリーグ（高円宮杯　ＪＦＡ　Ｕ－18 サッカープレミアリーグ）などに年間数十試合ほど足を向けていくうちに、上のカテゴリーを目指し、死に物狂いでプレーをしている選手たちの内面にも興味を持つようになった。

もちろん、Ｊリーガーとして挫折した人を取り上げる方法もあるだろう。しかし、今回はあえて「Ｊリーガーになれなかった人」にフォーカスした。自分自身の経験を踏まえ、夢や目標を一瞬でも手に入れられた人とそうでない人の間には、捉え方に大きな違いがあると考えたからだ。

「中小企業の管理職」という「Ｊリーガー」に比べればちっぽけな目標かもしれないが、やはり手に入らなかったことでの喪失感は何年も筆者を苦しめてきた。いち会社員の筆者でさえそうなのだから、幼いころからＪリーガーに憧れ、十何年もそれだけを目指してきた選手の喪失感たるや、想像すらできない。

だからこそ、話を聞いてみたいと思った。

加えて、どうしても海外サッカーやJリーグにばかり集まりがちな国内におけるサッカーの注目を、たとえ読書中の数時間だけでも、JFLや地域リーグといったカテゴリーにも向けてもらいたいという思いをもっている。そこでどれほど多くの選手が人生を賭けて戦っているのかということを少しでも知っていただくことで「Jリーガーになれなかった=人生で成功しなかった」では決してないという事実を伝えたかった。

さらには「挑戦し続けることがいかに尊いのか」も事実に基づいて伝えたかった。

本書は、Jリーガーになれなかったプレーヤーが、どのように挫折と向き合い、次の一歩を踏み出すに至ったかをインタビュー形式でまとめることで、夢破れた（または破れそうな）読者に次のアクションに踏み出すヒントを示せればと思い、作られている。

8人の選手たちの静かなる心の叫びに、ぜひ耳を傾けてもらいたい。

※　選手の現所属先については、2024年11月時点のもの。

Jリーグは狭き門

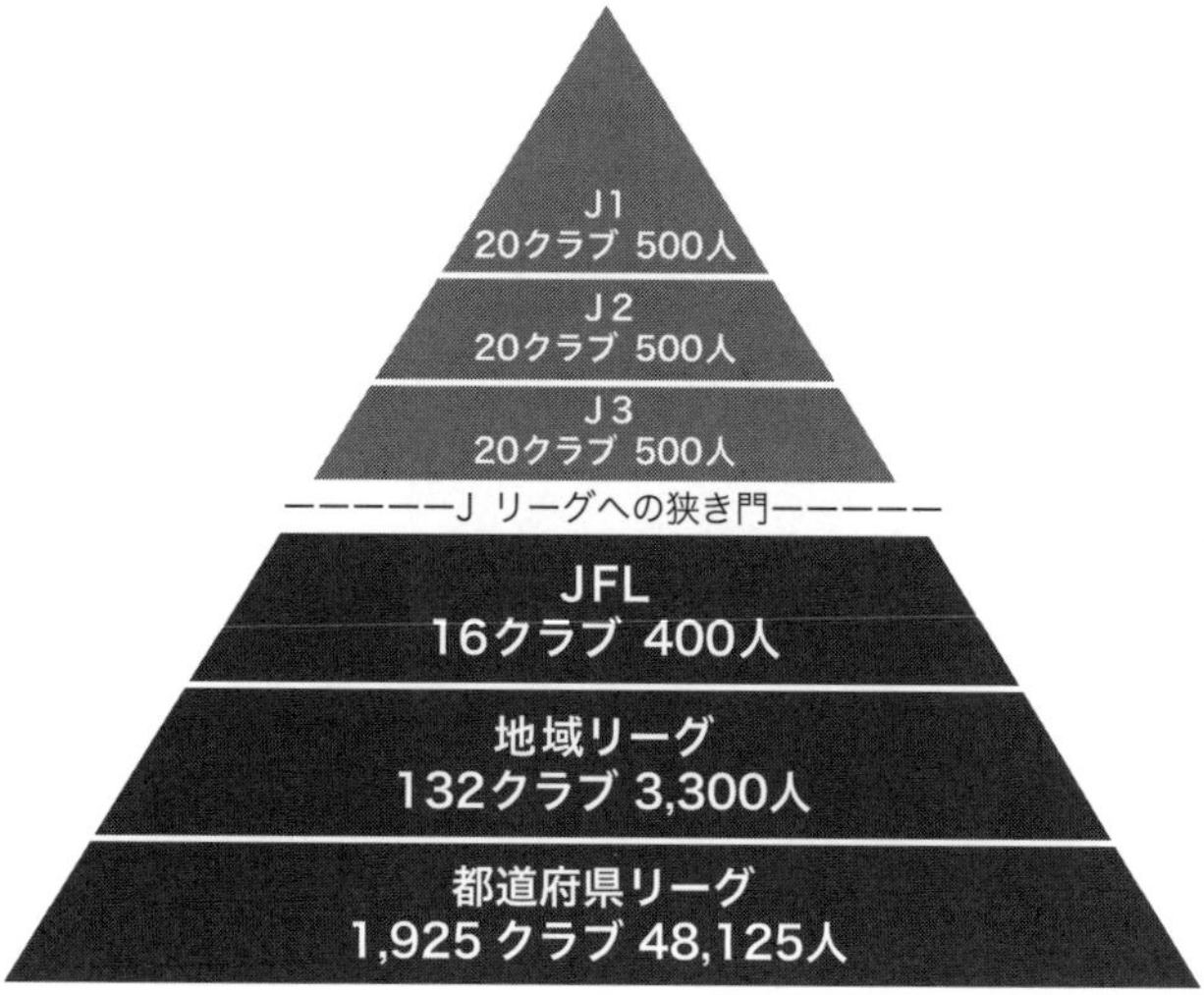

※１クラブの選手数を25人として計算
※都道府県リーグの下に市区町村の地区リーグが存在する地域もある

2023年のＪＦＡへの選手登録者は、小学生年代の男子は27万1,333人で一般・大学の第１種登録では12万5,302人です。

Jリーグを頂点とするピラミッドを描いてみると、Jリーガーになるのがいかに難しいか分かります。本書に登場する選手達はＪＦＬ以下のカテゴリーでプレーしています。

第1章

苦しくても
最後までやり切った経験が、
次のステージに
きっとつながる

・名前：深江 洋光
・生年月日：1981年4月25日
・出身県：神奈川県
・身長／体重（現役時）：175㎝／68kg
・利き足：右
・主なポジション：MF
・好きな選手：三浦知良、中田英寿、中村俊輔、
ロナウジーニョ
・ライバル：特になし
・サッカー歴：
1994-1997 相模原市立相陽中学校
1997-2000 神奈川県立弥栄西高等学校
2000-2004 東海大学
2004-2006 松本山雅 FC

「松本山雅ＦＣのＪリーグ参入の礎を築いたキャプテン」
深江洋光《ふかえひろみつ》氏（１９８１年生まれ）

【現職】住宅設備関連商社　勤務

・高校は強豪弥栄西高校。惜しくも県大会決勝で敗戦。
・東海大学に進むも、４年間あまり試合に出られず。
・Ｊリーガーの夢は諦めきれず、当時北信越２部からＪリーグ入りを目指す松本山雅ＦＣからのオファーを受ける。

熱狂的なファンが多いことで知られている松本山雅ＦＣ（現在Ｊ３）。２００４年当時、北信越リーグ２部に所属し、その年から本格的にＪリーグ参入を目指し始めたクラブにおいて、初めて長野県外から獲得した選手が、他ならぬ深江洋光氏だった。

チームはその後、紆余曲折を経ながらも北信越フットボールリーグ１部、ＪＦＬ、Ｊ２、Ｊ

1と順調にステップアップを重ねていく(当時はまだJ3はなかった)。一方の深江氏は、Jリーグ入りの礎を築きながらも２００６年に惜しまれつつ引退。自身Jリーガーになる目標を実現させることはできなかった。

「あのころはプレー的にも人間的にも若かったですね……」そう語る深江氏に何があったのか。その胸の内を聞かせてもらった。

◉野球少年だった小学生時代

「僕、サッカー始めるのが遅かったんです。小学生のころは野球少年でした。でも、ちょうど中学に上がるタイミングでJリーグが開幕して、画面越しのカズ選手（三浦知良《みうらかずよし》／現・アトレチコ鈴鹿）がとにかくキラキラ輝いて見えて。それでサッカーやろうって決めたんです。カズ選手が出ているJリーグの試合を見ているうちに、自然とJリーガーに憧れを抱くようにもなりましたね」

こうして深江氏は入学した中学で、野球部ではなくサッカー部に入部することとなった。とはいえ、小学校のころからサッカーをしていたメンバーがほとんどの中、気後れはなかったのだろうか。

「当然、最初は自分よりうまい子ばかりで、チームメイト達の輪になかなか入っていけませんでした。でも、部活での練習中はもちろん、部活以外でもボールを蹴る中で、自分が徐々にうまくなっていく実感があり、だんだんと周りからも認められていき、気がつけばうまいチームメイトから誘われて部活以外でも一緒にボールを蹴るようになっていました。経験が少ない分、日に日にうまくなっていくのが楽しくていつの間にか夢中になっていましたね。あと恵まれていたのが、部活の後、中学校の体育館が開放されていたんですけど、週に何回か有志が集まってやっていたフットサルに入れてもらっていたんですよね。そこに、母校の中学校のＯＢでもあるヴェルディ川崎（当時）ユース所属の方とか、横浜マリノス（当時）ジュニアユース出身の方とかが来ていて、僕も一緒に蹴らせてもらっていました。

そういうレベルの高い方々と一緒にプレーすることで『いつか自分もＪリーガーになりたい』という思いが強くなっていきましたね」

◉目前に迫るも遠かった全国大会

高校の進路は神奈川県内の強豪・県立弥栄西高校（現・県立相模原弥栄高校）を選んだ。

「中学3年生のときに、弥栄西高校が全国高校サッカー選手権大会の県大会決勝まで勝ち上がり、中村俊輔《なかむらしゅんすけ》選手（元・セルティック、横浜F・マリノスなど）率いる桐光学園と戦ったのをTVK（テレビ神奈川）で見ていました。惜しくも延長戦の末PK戦で負けてしまったんですけど、優勝候補を相手に最後まで諦めずに戦っている姿がすごくかっこいいなと。家も近かったですし、当時の監督はS級ライセンス保持者である大野真先生（元・JFAコーチ、現・私立三浦学苑高校コーチ）だったこともあり『弥栄西に行く』と決めましたね」

ここからプロ入りを目指した深江氏の3年間が始まった。弥栄西高校は公立高校ながら、韓国へ遠征したり、鹿児島県の国体代表と練習試合を行ったりもした。それによって、韓国の世代別代表選手や、その後欧州へ渡ることとなる松井大輔《まついだいすけ》選手（元・横浜FCなど）とのマッチアップなど、さまざまな経験を重ねることができた。

「今思えば、大野先生の存在が大きかったと思いますね。技術的な指導ももちろんですが、強豪私学に負けないような貴重な機会をたくさん作ってくださった。『やっぱり弥栄西を選んで良かった』と常々感じていました。それもあり最終学年では『Jリーガーになりたい』という個人的な想いと同じくらい『今年こそ監督を全国に連れていくんだ』という想いが強くなっていきました」

そして迎えた冬。3年前の先輩たちと同じように、深江氏らは三ツ沢球技場で行う決勝戦にたどり着いた。相手は日大藤沢高校。勝てば全国の大一番で、弥栄西はまたも勝利を逃してしまう。

「結果は0対3の完敗でした。同年のインターハイを経験し、全国で『勝つ』ために試合に臨んできた日大藤沢に対し、僕たちは全国に『出る』ことを目標にしていた。その意識の差が出てしまった試合でしたね。常に上の学年の遠征に帯同させてもらうなど、大野先生には1年のころから目をかけてもらっていたので、なんとか恩返しがしたかったのですが……」

こうして深江氏の高校サッカーは幕を閉じた。Jリーグ入りの希望はこのときまだ持ち続けていたが、今のままでは力が足りないということも分かっていた。

「僕、選抜に縁がなかったんです。神奈川県の北相地区（厚木市、大和市、相模原市など）選抜というのがあって、1年生のころから候補選手として練習には参加していたんですけど、そのレベルでさえ、いつも最終選考で落ちてしまうような選手でした。なので、そこで選ばれるJリーグの下部組織から来たような選手たちに対して、劣等感のようなものを抱いていました。もし全国大会に出られたら、そういうものも払拭できるかなと思ったのですが、甘くはなかったですね。そんな折、大野先生が『大学でサッカー続けたい者は相談しに来なさい』と言ってくれたんです。4年間さらに自分を磨いて、次こそプロになるんだと思い、親を説得して、先生のもとに相談に行きました。そうして決まった進学先が、東海大学でした」

◉試合に出られない悔しさばかりの4年間

深江氏の入学した東海大学は、その年から関東大学サッカーリーグ2部に昇格した古豪だ。かつて磯貝洋光《いそがいひろみつ》氏（元・ガンバ大阪など）や澤登正朗《さわのぼりまさあき》氏（元・清水エスパルス）といったのちの日本代表選手を擁し、数多くのタイトルを獲得したことでも知られている。

ちなみに、この後に登場する迫田和憲《さこだかずのり》氏は、深江氏の2学年先輩にあたる。

「僕が入学したときには、迫田さんはすでに絶対的なエースストライカーでしたね。速くて強くて、決定的な仕事をする。そういう優れたFWがいることもあってか、当時の東海大学は中盤をあまり経由せずに縦に早く攻めるスタイルでした。僕はどちらかというと、中盤で味方と連動しながらゲームを丁寧に組み立てるタイプだったんで、なかなか試合に絡めませんでした」

実際の深江氏のプレースタイルについて、今回深江氏を紹介してくれた「むさしのFC」在籍時の筆者の先輩である太川《おおかわ》龍《りょう》氏はこう語る。
「フカ（深江氏のニックネーム）とは、現在、横浜シニアというチームで一緒にやっていますが、ボランチとしてボールを保持できるのはもちろん、相手の逆を取るなど、効果的にチーム全体が攻め上がる時間を貯められる選手です。また、正確なロングキックによるサイドチェンジなど、展開を一発で変えられる力も持っている。ハードワークを厭《いと》わない高いメンタル力も強みですね」

こうした強みが大学時代はなかなか評価されず、1年時はまだしも、学年が上がってもBチームとAチームを行ったり来たりの状態が続いた。
試合に出るためにプレースタイルを変えることは考えなかったのだろうか。

「もちろん試合には出たかったです。中学、高校時代を振り返っても、あそこまで試合に絡めなかった時期はなかったので……。でも、僕の目標は大学でレギュラーになることではなく、あくまでもその先にあるJリーグだったので、自分の強みは失いたくなかった。試合に出られない悔しさを練習にぶつけながら、4年間を過ごしていました」

そんな深江氏の努力が、4年生の最後の最後に報われた。監督が交代し、それに伴い、天皇杯出場がかなったのだ。

「正直、サッカー部を辞めようと思ったこともありましたけど、続けていて良かったと思いましたし、やっぱりまだサッカーを続けたいとも思わせてくれる出来事でした。評価する人が変われば、自分にもまだチャンスがあるんだということが実感できましたから」

大学4年時、深江氏は今後サッカーをメインで続けるか、定職に就きながらサッカーをするか迷っていた。実際、民間企業からの内定も得ていた。しかし「うちに入ったら、毎日終電だろうから、サッカーとの両立は難しいと思うよ」と言われ、悩んでいた。天皇杯出場も後押しし、サッカーへの思いが一層膨らんだところに、思わぬチャンスが転がり込んできた。

◉Jリーグ入りを目指す松本山雅FCからのオファー

深江氏には弟が2人いる。上のほうの弟が長野県の専門学校でサッカーをしており、当時北信越リーグに所属していた松本山雅FCと繋がりがあった。その弟から「お兄ちゃんのことも話してみようか?」と提案を受けたのだ。結果として、その後、大学4年生の深江氏のもとには松本山雅FCから何度となく連絡が来ることとなる。

「2004年シーズンから、Jリーグに向け本格的な強化を行っていくチームとは聞いていました。でも、失礼ながら、当時の北信越フットボールリーグ2部はJリーガーを目指している自分にとっては少し物足りないレベルに映っていたので、最終的にはお断りしようと思っていました。でも、何度もオファーをいただくうちに『こんなに自分を欲しがってくれているチームがあるのは有り難いことではないのか』と気持ちが傾いていきました。Jリーグ入りを目指すチームで、自分自身もステップアップしていけるなら……という想いで、最終的にオファーを受けることにしました」

こうしてJリーグ入りを目指す深江氏の新たな挑戦が始まった。日中は、スポンサー企業であるお茶の製造会社で働き、夜は練習という生活になった。

「お茶の葉を混ぜたり、蒸したり、それを運んだり……。ひと言でいうと肉体労働ですね。40度を超えるような高温の環境で作業をすることもあるので、正直サッカーに向けたコンディション調整が大変でした。特に1年目は仕事だけでいっぱいいっぱいになってしまうこともありましたね」

　サッカーの環境自体も恵まれていたとはいえず、練習場を転々とし、中には土のグラウンドも含まれていた。Ｊリーグ入りを目指すチームとしては苦しい状況ではあったが、なんとか北信越リーグ２部残留を果たし、翌年に繋げた。

「２００４年にも鏑木《かぶらぎ》享《とおる》選手（元・アルビレックス新潟など）が加入するなど、少しずつ強化は進んでいましたが、２００５年シーズンは監督が辛島《からしま》啓珠《けいじゅ》さん（元・ガンバ大阪など）に代わり、選手も一新しました。それまでのように長野県出身者にこだわらず、僕のように県外からも選手をどんどん集めてくるようになったんです。さらに、矢畑《やはた》智裕《としひろ》選手（元・ベガルタ仙台など）、三本菅《さんぼんすげ》崇《たかし》選手（元・ヴァンフォーレ甲府など）といったＪリーグ経験者も次々と加入し、本気で上を目指す環境が整っていきましたね」

　加えて、２００５年シーズンは深江氏にとって転機となる出来事があった。

「辛島監督に『キャプテンをやってくれないか』と言われました。県内出身者でもなく、ましてやJリーグ経験もない自分に、このメンバーをまとめられるのかとしばらく悩みましたが『このチームのJリーグ入りに少しでも貢献できるならやってみよう』と決意し、その打診を受けることにしました。

でも、やってみると、大変なことの連続でしたね。年上の選手もいましたし、自分よりも数段上のカテゴリーから来た選手もいて、正直そういう人たちにも厳しいことを言わなければいけないときは気が引けました。それでも『チームが昇格するためなんだ！』と慣れないキャプテンという役割をこなしながら、ピッチ内でも結果を出せるよう日々まい進していましたね。最終的に北信越リーグ1部昇格を果たすことができ、自分としても満足のいくシーズンとなりました」

●またも試合に出られず、感情が爆発

充実のシーズンを過ごした深江氏。しかし、翌年に試練が待っていた。2年目の好調をキープし、プレシーズンマッチから試合出場を続けていたが、練習中の怪我をきっかけにポジショ

ンを失ってしまったのだ。

「人工芝で練習していたんですけど、全体重が乗った状態で足首をひねってしまって……。重度の捻挫でした。リハビリを終えてチームに戻ったのですが、そのときにはすでにスタメンの座は失われていました。スタメンを取り返そうと、それまで以上に練習に取り組みました。大学時代、試合に絡めない悔しさは嫌というほど味わっていたので、もうあのような思いはしたくなかったですしね。それでも、結局、公式戦にはほとんど絡むことはできず、シーズン終盤には心が折れていました」

結局この年、チームは1部優勝を果たすことができなかった。もしかしたら、チームが勝っていれば、深江氏も幾分か救われていたかもしれない。しかし、復調している自分が出られず、なおかつチームが勝利を手にできないときは、感情が爆発した。

「『なんで俺を出さないんだ』と毎回思っていました。元Jリーガーの方々ほどの経験値はなかったかもしれませんが、それでも出場すればメンバーと連動し、チームを勝たせられるだけの力が自分にはあると信じていましたから。

このころは、出場給や勝利給も出るようになっていて、勝ち星が生活にも直結していた。自分のミスで負けたのなら納得もいきますが、自分の代わりに出ていた選手のミスで負けてしまったときなどは、ついそれを態度や言葉に出してしまったこともありました。今思えば若かったんだとは思いますけどね。でも、25歳でもう後がない立場としては、冷静ではいられませんでした」

◉第2の人生を歩み始めるも、割り切れない想い

前年キャプテンとしてチームをまとめ上げた男が、ここまで感情を露わにしてしまうほど、深江氏は追い詰められていた。移籍も本気で考えた。「タイとかに行ってサッカーを続けてもいいかもよ」と知人に海外挑戦も提案されたが、今ほど日本人選手の海外挑戦が盛んではなかった時代に、そこに踏み出す勇気はなかった。

最終的に「Jリーグ入りするならこのチームで」と願った当初の気持ちを尊重し、その年を最後に松本山雅FCの一員としてスパイクを脱ぐ決断をした。

「最後に天皇杯に出させてもらったんですけど、負けてベンチに戻ったとき『あー、これで本当に終わりなんだな』と。カズ選手に憧れて10年以上追い求めてきた夢が散った瞬間でしたね。その翌年から関東に戻ってIT企業のサラリーマンとして第2の人生を始めました。

ただ、Jリーガーになる夢を諦めると言っても、そんなに簡単に割り切れるものではありま

せんでした。特に、辞めてからの数年は引きずっていましたね。松本にはその後も何回か応援に行くことがありました。そのときスタメンで出ていたのが、僕が在籍していたときなかなか試合に絡めない選手だったんですよ。でも思い返すと、彼はたとえ試合に出られなくても、試合後の誰も居なくなったグラウンドできちんとコンディション調整を続けていた。一方の僕は、半ば気持ちが切れていたので、出られない試合の後は、彼らを横目にすぐにスタジアムを後にしていた。多分、監督やコーチはそういう姿を見ていたんですよね。あのとき気持ちを切らさずにやっていれば、もしかしたらまだこのピッチにいられたのかも……、なんて思いながら彼らの試合を見ていました」

断っておくが、深江氏は大学時代、ほとんど出場機会がない中でも、4年間やり切っている。さらに、松本山雅ＦＣでの3年目も不本意なシーズンながら最後まで在籍し、引退した。すぐに感情を表に出すような選手だったら、ここまで現役でいられなかっただろう。それほど、感情的になったことは深江氏にとって特別なことだった。それだけ25歳のシーズンに賭けていたのだ。

「松本山雅ＦＣを退団して3年が経ったころ、地元にクラブチームを立ち上げるという話があり、ジュニアユースの監督を頼まれました。サッカー界に戻れるなら……ということで、7年ほど子どもたちを教えていたんですけど、そのときは自分の経験をよく子どもたちに伝えていましたね。『試合に出られなくても腐らずやっていれば、ちゃんと見てくれている人はいるよ』と。実際、子どもたちのプレー面だけでなく、練習への取り組みや態度などを見て、その部分も評価したり、直接伝えたりするよう努めていました」

◉選手時代から先のことも考えておく

自身の経験をサッカー指導に生かしてきた深江氏は現在、サッカーとは業界の異なる住宅設備関連商社に勤務している。ビジネスの世界において、サッカー選手としての経験は生かされているのだろうか。

「サッカーはチームスポーツ。一人では何も完結できません。それはビジネスも同じです。そうなるとやはり、コミュニケーション能力は必須になってきます。言語化して、相手に伝えて、相手の話も聞いて、と双方向のやりとりをしていかないといけない。そういう意味では、松本山雅ＦＣでキャプテンをやっていた経験は今大きく生きていますよね。年上の話も年下の話も分け隔てなく聞き、監督とのパイプ役にもなる。当時は『これって板挟みじゃん……』なんて思うこともありましたが、今も同じような場面がたくさんありますから。そういう経験を自然とさせてもらっていたサッカーというスポーツには感謝しています」

最後に、今まさにJリーグ入りを目指している選手たちへのメッセージをお願いした。

「厳しいことを言いますが、Jリーグ入りできるサッカー選手はほんの一握り。99％の人がなれないという現実があります。だからこそ、プロへの夢は持ちつつも、同時にさまざまな情報や選択肢は持っておいて損はないと思いますね。保険を掛けるようで抵抗がある方もいるかもしれませんが『もしダメだったとき、どうするか』という現実的な考えを持っておくことも必要だと思います。僕自身は『サッカーで飯を食っていくんだ』と信じ切っていたため、その後のことを全く考えていませんでした。幸いにも、セカンドキャリアでは就職先や家族に恵まれましたが、もしうまくいかなったらどうなっていたことか……。そう思うと、やっぱり選手時代にもう少し先のことを考えておいても良かったかなと。僕の場合は、25歳で文字通り一からのスタートだったんで、やはり新卒で入社してずっと同じところに勤めている学生時代の同期などと比較すると、収入面とかにも影響が出てきていますからね」

◉気づいたら、夢の一部はかなっていた

夢はかなわず、その後社会人になってから苦労したとはいえ、深江氏自身に後悔の念は感じられない。

「これからの選手たちには『先のことも考えて』と言いつつ、自分自身は、本気で夢を追いかけたことを悔やんではいませんし、むしろある程度やり切ってよかったと思っているんです。社会に出るのは遅れましたけど、大学4年生の最後にようやく自分の可能性が開けたのに、あのまま辞めていたらきっとそのほうが後悔していたと思います。山雅からのオファーを受けて3年間、良い思いもつらい思いもたくさんした。自分でもびっくりするほど感情むき出しのシーズンも過ごした。でもあれがあったからこそ、次のステップに向けた区切りがついた部分が間違いなくありました。

『山雅人《やまがじん》』という松本山雅FCのオフィシャルマガジンがあるんですけど、2022年10月号に『Jリーグ参入の礎を築いた名選手』というタイトルで僕も登場させていただいたんです。今の山雅はJリーグ加盟チームなわけですから、基本的にインタビュー対象者はJリーガー中心なのですが、その中に呼んでいただくことができたのも、大学4年時の決断があったからだと思っています。Jリーガーにこそなれませんでしたが、かつての所属チームのJリーグ入り

に微力ながら貢献できたと認めてもらえたわけで、夢の一部はかなったと言っていいんじゃないかとも思いますね。『現実的な考えも持て』と言いつつ、その真逆のような話になってしまいましたが、僕の経験が皆さんの今後の進路に少しでも参考になればうれしいです」

オンラインインタビューを行った2時間半の間、深江氏は終始笑顔を絶やすことなく質問に応じてくれた。その表情が一層明るくなったのが、現在所属している横浜シニアでの活動に触れたときだった。選手として7～8年のブランクを経て全日本Ｏ－40サッカー大会にも出場する強豪チームに身を置くようになった深江氏は「まだまだサッカー選手としてやれることがあるということに気付かされています。体のケアの仕方や、栄養管理、ウォーミングアップの重要性、体幹トレーニング、筋力トレーニングなど、現役時代にこういった知識があれば、もっとプレーの幅も広がっていただろうなと感じています。当時よりも今の方がうまくなっているのではないかと感じることもあります。日々発見ですね」と笑う。プロを目指すサッカーだけがサッカーではない。続けていれば、何歳になってもサッカー選手として成長することができることを深江氏は身をもって証明している。

日本サッカーの裾野は、レベル別だけではなく、年代別においても確実に広がってきているのだ。まだ10代、20代の読者の中にはもしかしたら「高いレベルを目指さないならサッカーをやっていても意味がない」と感じている方もいるかもしれない。しかし、実際そう思っていた深江氏が、40代になった今、20代のころとは違った形でサッカー選手としての成長を楽しんでいる。サッカーが変わったのではない。深江氏のサッカーに対する向き合い方が変わったのだ。もし「Jリーガーになれなかったらもうサッカーは終わりだ」と思っている方がいるとしたら、深江氏のことを思い出してほしい。

あなたさえ望めばいつでもサッカーはあなたのそばにある。

第2章

夢は一度きりではなく、何度でも見ることができる

・名前：我妻誠一
・生年月日：1973年12月2日
・出身県：千葉県
・身長 / 体重（現役時）：178㎝ / 70kg
・利き足：右
・主なポジション：MF（サイドハーフ）
・好きな選手：ロベルト・バッジョ
・ライバル：幼馴染の大倉秀明くん（現役当時）
・サッカー歴：
1981-1984 酒井根FC
1985-1986 イーグルスTOR82
（ジュニア小6、ジュニアユース中1）
1987-1989 カネヅカSCジュニアユース（中2・中3）
1989-1992 カネヅカSCユース
1992-1996 明海大学体育会サッカー部
1996-1997 エリースFC
1998-2004 PREDATOR（FUTSAL）

「挫折のたびに這い上がる不屈のチャレンジャー」

我妻誠一《わがつませいいち》氏（1973年生まれ）

【現職】株式会社 NarrativeFoot 代表取締役

・高体連全盛の時代に、クラブチームで地道に技術を磨く。
・高校3年生時に、ジェフユナイテッド市原（当時）からオファーが届くも、クラブチームのコーチからまさかのストップがかかる。
・大学4年時に横浜フリューゲルスのテストを受けるも、惜しくも不合格。

人間40歳も過ぎると、昔どんなスポーツをやっていたか、そのスポーツでどれだけ活躍していたかなど、わざわざ話題にすることは少なくなる。自分から話すこともないし、相手からあえて聞き出すこともない。今筆者が勤務している会社（ヘルスケア関連）に我妻誠一氏が在籍していたころから「サッカーがとにかく上手く、プロも目指していたらしい」ということは周囲から聞いていた。しかし、今回インタビューをさせてもらうまで、これほどまでにJリーガーに近づいていた人物だとは知らなかった。

我妻氏とは、前述の勤務先に筆者が転職して入った2016年に初めて出会った。40代とは思えないほど引き締まったスタイル。業務で顔を合わせれば、次々と斬新なアイデアが口をついてくる。そんなスマートな印象を抱いていた。我妻氏が勤務先を卒業し、新たなフィールドで活躍するようになってからも交流は続いていたが、その印象はずっと変わらなかった。

しかし、今回のインタビューで、彼が四半世紀以上前、Jリーガーという肩書きを手中に収められる位置にまでたどり着きながら、一方で、その位置からあと一歩が届かず、一人もがき続けていた事実を知ることとなった……。

◉高体連全盛の時代に、クラブチームで地道に技術を磨く

我妻氏がサッカーを始めたのは、小学2年生。千葉県柏市に住んでいた我妻少年は、地元の小学校の少年団チームに所属し、ボールを蹴り始めた。当時はただただボールを蹴っているのが楽しかった。そんな我妻少年に3年後、転機が訪れる。コーチの誘いもあり、地域のクラブチーム・柏イーグルス（現・柏レイソル A.A.TOR'82）に通うことになったのだ。後に、阿部《あべ》

勇樹《ゆうき》選手（元・浦和レッズなど）や明神智和選手（元・柏レイソルなど）、現在日本代表の細谷真大《ほそやまお》選手（現・柏レイソル）らも所属することになる強豪チームだ。我妻氏はそこで、よりレベルの高いサッカーに触れることになる。

「自分で言うのもおこがましいのですが、それまでの少年団チームには、うまい選手はいても『こいつには敵わない』と思うほどの選手はいませんでした。でもイーグルスに入ってから、初めて自分よりもすごいと思う選手に出会いました。1対1の練習ではいつもそいつに負けてばかり。でも、そんなプレーヤーとの出会いのおかげで自分もサッカーに対してより真剣に取り組むようになりましたし、結果的にその彼とは、小学校5年から大学4年までずっと同じチームでプレーしました。こうしたライバルの存在も、今思えば財産ですよね」

中学もそのままイーグルスのジュニアユースへ上がり、ライバルたちと切磋琢磨していたが、イーグルスに誘ってくれたコーチが中学1年生の途中に「市川カネヅカＳＣ」というチームを作るということで、引っ張られるように我妻氏らもカネヅカに通うようになる。市川カネヅカＳＣは、その後、玉田圭司《たまだけいじ》選手（元・柏レイソルなど）や廣山望《ひろやまのぞみ》選手（元・ジェフユナイテッド千葉など）らを輩出することになる、これまた強豪チームだ。柏から市川まで自転車で片道1時間。「あの細い道を何回チャリで往復したことか……」と我妻氏は遠くを見つめる。

こうして、中学3年生までクラブチームで仲間たちと汗を流した。しかし、当時の市川カネヅカSCにはユースチームがなかった。しかも、今以上に高体連全盛の時代。全国高校サッカー選手権大会にも憧れを抱いていた我妻氏は、中3の夏前ごろから、高校のセレクションにも足を向けるようになった。

そんな時期に、市川カネヅカSCがユースチームを作ることを知る。さらには、監督からも「お前たち、高校の部活に行っても1年生は坊主で球拾いだぞ。球拾いやってサッカーがうまくなるのか？」と言われ、結局、カネヅカユースの1期生としてクラブチームでサッカーを続けることになった。

「確かに選手権は魅力的でした。やはりクラブユースとは知名度が圧倒的に違いましたからね。僕たちは勝っても何もニュースにはならない。でも選手権だったらテレビや雑誌で紹介される。正直、うらやましいと感じることもありました。でもだからこそ、勝利にこだわることができた時期だったとも思います。

高校3年生のときには全日本クラブユースサッカー選手権大会（現・日本クラブユースサッカー選手権（U‐18）大会）でベスト4入り。私個人としては国体の千葉県代表に選ばれ、決勝まで行きました。上野良治《うえのよしはる》選手（元・横浜F・マリノス）や中西永輔《なかにしえいすけ》選手（元・ジェフユナイテッド市原など）らとも対戦しましたが『選手権で脚光を浴びているやつらに負けてたまるか』という気持ちでプレーしていましたね。残念ながら決勝では、伊東輝悦《いとうてるよし》選手（現・アスルクラロ沼津）のいた静岡県代表に負けてしまいましたけど……」と語る我妻氏の口ぶりは、どことなく滑らかだった。

恐らくは、当時の自身のパフォーマンスがそれほど充実していたのだろう。こうしたキャリアを聞けば聞くほど、プロ入りの実現可能性がいかに高かったのかもうかがえる。

◉Ｊクラブからオファーが届くも、コーチからまさかのストップが……

我妻氏が生まれたのは、１９７３年。Ｊリーグが始まったのが１９９３年（１９９２年からＪリーグカップはスタート）だから、高校時代はまだ国内にプロリーグはなかった。それでも、常にサッカー選手になる自分を思い描いていたという。

「卒業文集には小・中・高といずれも『サッカー選手になる』と書いていましたからね。実際、高校2年生くらいのときに、Ｊリーグ誕生が現実になることを知り、本格的にプロサッカー選手というものがリアルな目標に変わっていきました」

夢を目標として捉えなおし、高いレベルで仲間やライバルたちと切磋琢磨し、全国レベルの大会でも頭角を現した我妻氏に、高校3年時、ついにJクラブ「ジェフユナイテッド市原（現・ジェフユナイテッド千葉）」からオファーが届く。

「そりゃ、うれしかったですよ。目標にしていたプロサッカー選手が現実になるかもしれないわけですから。当時まだ少なかったクラブチーム所属の選手でも認めてもらえるという自信にもなりましたし」

しかし、プロの世界に飛び込む気持ちでいっぱいになっていた我妻氏が、市川カネヅカSCのコーチに報告に行ったところ、思いもよらない言葉をかけられてしまう。

「7年間くらいずっと一緒だったコーチは師匠のような存在。彼は東京ヴェルディの前身である読売クラブの出身で尊敬していたんですけど、その人から止められてしまって……。『Jリーグは今開幕を控えている時期で、開幕後、本当に成功するかどうかはまだ分からない。変な使われ方をして怪我をしてしまうかもしれない。お前は大学でサッカーを続けて4年後のチャンスを待て』と。

こちらからしたら『えっ?』っていう感じでしたよ。行く気満々でしたから。でも『師匠』には逆らえないんですよね。あの人がいたから、ジェフからオファーをもらえるまでの選手になれたわけなので。でも、今振り返ってみたら、そのとき飛び込まなくて良かったとも思っています。サッカーの奥深さや難しさを何も知らないまま飛び込んでも、きっと通用しなかったでしょうからね。多分コーチもそうなると思って止めてくれたんだと思います」

あと一歩踏み出せば夢が現実のものとなる。でも、その一歩が踏み出せなかった。

我妻氏は、心機一転、千葉県の大学にサッカー推薦で入り、体育会サッカー部で再度プロを目指した。今度こそ、周囲が納得する形でJリーグ入りしてみせる。4年間、脇目もふらずサッカーに打ち込んだ。開幕したJリーグでは、高卒でプロ入りした中西永輔選手や大学を中退してプロに入った上野良治選手らが躍動していた。テレビや雑誌で彼らの活躍を見るたびに、焦りがこみ上げてくる。

「同年代の知り合いがプロデビューしていくのを見て、うらやましい気持ちと全然レベルとして負けてないのになんで……みたいな憤りのような気持ちが入り混じっていましたね。当時は、選手権などで活躍した選手は高卒でJリーグに入っていた一方で、大卒選手というのはあまりいなかった。それもあってか、大学サッカーはあまり注目されず、しかも自分もこのままだとあの世界にたどり着けないのでは……と危機感を抱いていました」

◉Ｊリーグの高い壁

こうして迎えた最終学年。貯えた経験とスキルをひっさげ、自らＪリーグへの道を切り拓いていくべく、片っ端から入団テストを受けていった。

「本命はもちろんＪリーグなんですけど、ＪＦＬや実業団でも機会があれば受けに行っていましたね。例えば、富士通（現・川崎フロンターレ）。当時はまだＪＦＬにも入っていなかったと思いますが、翌年以降のＪリーグ入りを目指して強化をしているところでした。確か50名ほどがテストを受けに来ていたと思いますが、その中で私だけがオファーをいただきました。『うち、どうですか？』と聞かれ迷いましたが、結局その後もＪクラブの入団テストを受けるため、オファーはお断りしました。あとは、ＪＦＬに加盟していた西濃運輸（１９９７年廃部）のテストも合格したものの、同じ理由でお断りすることに……。その後、つてを頼り、ついに憧れだった横浜フリューゲルス（１９９９年合併により消滅）のテストを受ける機会をいただきました」

当時のフリューゲルスには、ブラジル代表として１９９４年のワールドカップアメリカ大会で世界一になったジーニョや、ワールドカップ本大会メンバーには選出されなかったもののブラジル代表歴のあるサンパイオ、エバイールがいただけでなく、前園真聖《まえぞのまさきよ》選手、三浦淳宏《みうらあつひろ》選手ら、日本代表に名を連ねるような選手たちも在籍し、Ｊリーグの中でもひときわ存在感を放っていた。テストを兼ねて練習に参加した我妻氏のモチベーションも俄然高まった。

「あれだけの選手たちと練習できるだけでも貴重な機会でしたが、自分の中では『この人たちと一緒にもっとサッカーがしたい』という欲求が練習に参加するたびに高まってきて、その想いを無我夢中でプレーにぶつけました。自分なりにベストは尽くしたと思います。でも、結果は不合格。結果を言い渡されるとき、コーチからはこうも言われました。『正直言うね。わざわざ選手を外からとるわけだから、うちの選手にはないものを持っていないと意味がないんだよ。同じレベルなら必要ない』と。手応えはあっただけにこの結果にはこたえましたね」

こうして最終的に、大学4年の冬までに内定先を獲得することはできなかった。富士通や西濃運輸で勝ち取った権利をキープしたうえで他のテストに臨んでいれば……とも思うが、自身のＪリーグ入りを信じて疑わない大学4年生は、当時そこまでの交渉術を持ち合わせてはいなかった。

結果は出た。しかし、まだ諦めきれなかった。我妻氏は、卒業後、1年間フリーターをしながらＪクラブの入団テストを受ける準備をすることにした。バイトをしながら自主練に励み、週末は関東サッカーリーグのエリースフットボールクラブ東京（現・エリース東京ＦＣ）に所属し、試合勘もキープし続けた。しかし、Ｊクラブの練習には参加できず、そうこうしているうちに怪我をしてしまうなどリズムが崩れ出し、本来のパフォーマンスとは程遠い状況になってしまった。

「ただでさえ高卒選手が多かった時代に、大卒でさらに1年経ってＪリーグ入りした選手というのは、私の知る限りほとんどいませんでした。そうした現実に加えて、自身のパフォーマンスも一向に上がってこない。こうして徐々に諦めざるを得ない状況になっていった感じですね」

◉メディアに出てくる同期たちと自分を比べる日々

大学卒業から1年が経過した23歳の春、我妻氏はついにＪリーグ入りを断念した。

「断念直後は目標を失い、生きがいがなくなり『今後は何を目標にすればいいんだろう』とモヤモヤして、数カ月間は無気力な日々を送っていた気がします。小学生のときからずっと同じ夢だけを見据えて生きてきましたからね。夢を持っていない人生をどう生きていけばいいのか正直分からなかった。でも、サッカーとは関係ない友だちとかに聞くと『夢なんか持ってないよ』と。『あー、それが普通なのか』と思いましたね」

夢を失った我妻氏は、数カ月の葛藤の末、社員数50名ほどのヘルスケアベンチャーに就職し、営業として自社の健康関連サービスを企業や団体に提案する仕事に就いた。サッカー選手とは全く異なる仕事。それでも我妻氏は当時をこう振り返る。

「入社前はずっとモヤモヤしていたのですが、いざ社会に飛び込んでみると、もうそれどころじゃなくて。とにかくできないことが多すぎて、日々、目の前の仕事と格闘していた感じです。だから、プロサッカー選手とのギャップを感じる暇もないというか。でもそれが逆に良かったのかもしれません。何もしていないと、悪いことばかり考えてしまうんで」

とはいえ、そんなに簡単に割り切れるものだろうか。

「もちろん、24時間仕事をしているわけではないので、時に挫折感とか喪失感に襲われることはありましたよ。例えば、ふとサッカー雑誌を手にしたときに、自分と同年代の選手がインタビューに答えているんですよね。今でも覚えているのが、いわゆる『マイアミの奇跡』(1996年アトランタオリンピックで、日本代表がブラジル代表に1対0で勝利した)を起こしたメンバーたちが取り上げられていたとき。さっき話した伊東輝悦選手も含めて、あのメンバーって同年代が多いんですよ。一緒に戦ったり、切磋琢磨したりしていた同年代が日本を熱狂させるような活躍をしているときに、俺は何をやっているんだろう、と。社会人になっても数年はそんな挫折感とともに生きていたような気がします」

マイアミの奇跡の2年後、日本は初めてワールドカップに出場し、今では連続7回出場。Ｊリーグを経由し海外で活躍する選手も年々増え、日本サッカーはワールドワイドな展開を見せている。サッカーはメジャースポーツになり、一般のニュースメディアで取り上げられるようになった。それは国内サッカー全体としては喜ばしいことである一方、我妻氏のように夢破れたプレーヤーとしてはうれしさの反面、悔しさを感じずにはいられないことなのかもしれない。ただ、彼はこんなことも口にしている。

「一方で、自分の同期の選手が2年くらいでクビになるのを見て、もしかしたらプロになれなくて良かったのかもと思うようにもなっていました。自分はずっと漠然と『プロになりたい』と思っていただけで、プロになった後のことなど全く考えていなかった。なので、たとえプロになれたとしてもその後の明確なビジョンを打ち出せずに早々にクビになっていたのではないかなと。17歳でＪクラブからのオファーを止められたときも、きっとコーチはそのことを考えてくれていたんでしょうね。逆に、プロになる前にこういう決断が出来たことはラッキーだったのかも……と思うようになりました。まあ、そうは言っても、あのピッチに一度でもいいから立ってみたかったなぁという気持ちは今も変わらず持っていますけどね」

◉もう一度、夢を追いかけていく

Jリーグ入りを断念したあの日から四半世紀以上が経った。あれから我妻氏はヘルスケア関連企業で20年以上にわたり新規事業開発、アライアンス提携といった専門的なキャリアを積み上げ、マネジメントなども経験。そのノウハウを生かして、今は起業し、新規事業を展開している。

「これまでの社会人経験や自分のサッカーでの挫折や苦労などを踏まえて、足の健康をテーマに自分で事業をしています。自分が幼少期からサッカーをしていたことでシューズと足の健康度によってパフォーマンスが大きく変わることや、足の怪我によって夢を諦めてしまう人を減らしたいという想いから靴と足の健康を支援する会社を立ち上げました。社名は『NarrativeFoot《ナラティブフット》』というんですけど、直訳すると〝足の物語〟という意味で、成長とともに変化していく足の記録を管理し、足の健康を生涯に渡りサポートしていく中で、ユーザーの方それぞれの足の物語に寄り添っていきたいという思いを込めたものなんです。当時、自分が怪我などによって苦しい思いをした経験があったからこそ、このビジネスを立ち上げることができたという感じですね」

挫折を糧に変えるまで年月はかかるかもしれない。でも、夢を追いかけた経験は決して無駄にはならない。そんなことを思わせてくれるエピソードだ。我妻氏は続ける。

「一度は夢を失い、もう夢を描くことなんてやめようと思ったこともありました。でも、夢を追いかけていたあの時期、やっぱり自分はその過程が苦しくても、楽しかったんですよね。だからこそ、もう一度こうして別の夢を見つけて追いかけています。そして、夢や目標は強く思い、それを言葉にして発していくことでそのゴールに近づける気がします。成功・失敗の定義は周りではなく自分が決めることなので、何回失敗しても成功するまでチャレンジすればそれは自分にとっての成功に繋がると信じ、色々なことにチャレンジしています。そういう意味では、大学４年生の時点で諦めず、怪我をして苦しくても、もう一年チャレンジしたあの経験が、今に繋がったのかなと思いますね」


最後に、プロサッカー選手を目指している若者たちに伝えたいこと、プロを目指すと同時に生きていくために身に付けていってほしいことなどを聞いてみた。

「プロになれなかった自分だからこそ伝えられることとしては『成れる自分』ではなく『成りたい自分』を見つけてそれに向かって没頭し、まい進してほしいということです。例えば、私の場合は、大学４年生のときにＪクラブから声がかからなかった。そこで『成れる自分』を考えていたら、普通に就職していたでしょう。でも『成りたい自分』はそこではなかったから、1年間不安定な状況でも『成りたい自分』を目指し続けた。それによって社会人としては出遅れたスタートになりましたけど『成りたい自分』を見つけてそれに向かって没頭し、まい進しきった経験は、間違いなく今に生きています。『一意専心』という言葉があります。他に心を動かされず、ひたすら一つのことに集中することといった意味なんですけど、きっと皆さんはそのような経験をすでにしていると思うし、その力は間違いなく次のステージでも生かされると思うので、自信を持って生きていってほしいですね」

我妻氏はJリーガーにはなれなかった。当時の我妻青年は、その事実を失敗と捉えていたかもしれない。しかし、今の彼にとって、その経験はもはや失敗ではない。人生の成功に繋がる得難い経験の一つに昇華したのだろう。

「仕事の場などで私のプロフィールを紹介されるときに『ここにいる我妻は昔プロサッカー選手を目指していたんですよ』と言われたりすることがあるんですけど『プロになれなかった人です』と言われているようで、そのときばかりは、少しムッとしてしまいますけどね」そういって白い歯を見せる我妻氏は、今でも週末シニアサッカーを楽しんでいるという。

第3章

腐らなければ、誰かが必ず見てくれる

・名前：大森圭悟
・生年月日：1991年4月22日
・出身県：和歌山県
・身長／体重（現役時）：191㎝／86kg
・利き足：右
・主なポジション：GK
・好きな選手：マヌエル・ノイアー
・ライバル：言われると難しいですね
・サッカー歴：
1999-2003 野上JSC
2004 セレッソ大阪U-15
2004-2007 岩出FC.AZUL
2007-2010 サンフレッチェ広島ユース
2010-2014 福岡大学
2014-2015 アルテリーヴォ和歌山
2017-2018 アルテリーヴォ和歌山

「周囲への気遣いを欠かさない、心優しき守護神」
大森圭悟《おおもりけいご》氏（1991年生まれ）

【現職】和歌山県庁　職員

・中学入学と同時にセレッソ大阪ジュニアユースに入団するも、わずか3カ月で退部。
・高校からサンフレッチェ広島ユースに入団も、トップ昇格はかなわず。
・福岡大学では、3年間で公式戦出場はわずか2試合ながら、JFA・Jリーグ特別指定選手に。

人生にはいくつかのターニングポイントがある。Jリーガーを目指す選手たちの人生においてもそれは例外ではない。オファーを受けるか、受けないか。Aというチームに行くか、それともBというチームに行くか。このまま続けるか、一旦引き返すか。そうした人生を左右する決断を10代のうちから重ねていかなければならない。もしかしたら「この選択肢しかない」という状況のほうが人は腹を括れるものなのかもしれない。

結論からいうと、大森圭悟氏は、なろうと思えば目標だったＪリーガーになれた。間違いなく手は届いていた。しかし、当時のさまざまな環境や状況を踏まえ、その道を自らの手で絶った。その裏に隠された葛藤や悩みはどのようなものだったのだろうか。筆者としてはやや聞きづらい部分ではあったが、大森氏は特段ためらいもなく話し始めてくれた。

◉セレッソ大阪ジュニアユースをわずか3カ月で退部

「物心ついたころにはＪリーグが始まっていたんですけど、当時の僕は各チームのマスコットキャラクターに夢中でした。たとえば、サンフレッチェ広島であれば『サンチェ』という熊をモチーフにしたキャラクターがいましたし、名古屋グランパスはシャチをモチーフにした『グランパスくん』、ガンバ大阪なら『ガンバボーイ』……。どれが好きというのはないんです。とにかく全チームのキャラクターに惹かれていて、それがＪリーガーを目指すきっかけになりましたね」

インタビュー早々、意外なエピソードが飛び出した。１９９３年に開幕したＪリーグを見てプロを目指すようになった選手は多い。しかし、選手たちのプレーやスタジアムの華やかさなどではなく、キャラクターがプロを目指すきっかけになったという選手は、筆者の知る限り大森氏が初めてだ。一方で、Jリーグというコンテンツの影響力の高さがうかがえるエピソードでもある。ともあれ、Jリーグのとりこになった大森少年は、野球をやらせたがった父親を尻目に、小学2年生から地元・和歌山県紀美野町にあるサッカー少年団に通い始めた。

「同級生のお父さんが監督をしていたチームで『来ないか』と。それまでも近くのミカン工場の横の空き地で、ミカンを入れるかごをゴールに見立ててサッカーをやっていたので、自然な流れでしたね」

入団当初こそポジションは右サイドハーフをやっていたが、その恵まれた体格を買われ、半年後にはGKにコンバート。以来、一貫してGKとしてのキャリアを歩むこととなる。

「小学3年生からはずっとGKでした。とにかく背が高かったんですよ。小学5年生のころにはすでに170cmありましたし、小学6年生のときは180cmを超えていました。180cmでランドセルですよ。今思えばコスプレみたいですよね。でも、そのおかげで、小学生用のゴールならジャンプしなくてもバーに手が届いたので、両親には感謝していますけどね」

恵まれた身体能力と日ごろのたゆまぬ練習で身につけた技術。それが小学6年生で一気に花開く。和歌山県トレセンのメンバーに選ばれるようになり、関西地域限定ながらナショナルトレセンにも選出。別の大会では、セレッソ大阪のジュニアユースのコーチに見いだされ、中学からはさらなる成長を求めて大阪に通うことになった。しかし、ここで早くも大森氏にターニングポイントがやってくる。

「セレッソを3カ月で辞めちゃったんですよ。人生最初の挫折でしたね。レベル的には問題なくやれていたんですけど、とにかく通う時間が長くて……。うちの地元って、電車が20分に1本とかしかなくて、そのうえ和歌山から大阪は特急が走っているくらい距離も長いし、時間もかかる。毎回特急に乗るわけにもいかないので、在来線で行くと片道で2時間半とかかかったりするんですよね。帰宅も深夜1時みたいなことが続いて『これは3年間続けるのは無理だな』と」

こうしてセレッソを辞め、地元和歌山のクラブチーム「岩出フットボールクラブアズール」に籍を置いた大森少年だが、その環境下でも自分にできる努力をコツコツと積み重ねていった。

「僕が辞めたことで空いた枠には、一森純《いちもりじゅん》選手（現・ガンバ大阪）が入り、その後の活躍は周知の通りです。もちろん悔しくないと言えば嘘になりますが、でも自分で決めたことなので仕方ないですよね。幸い、小学生のときナショナルトレセンで活動していたため、エリートプログラム（現・U－13／14　JFAエリートプログラム。将来の日本代表選手を育成する場として大きな役割を担って活動しているプログラム）にも呼んでいただいていたので、そこでアピールすることを目標に地元で技術を磨いていました」

大森氏は、わずか13歳で大きな決断をした。しかも、どちらに進んでもいばらの道が待っている。人生の岐路は白黒がはっきり分かれていることのほうが少なく、むしろその多くはこうした難しい決断の連続なのかもしれない。しかし、大森氏の強さは、自身の下した決断に責任を持ち、選んだ道を信じて歩み続けることにあった。エリートプログラムでの活躍が認められ、中学2年時にはサンフレッチェ広島ユースのスカウトから声がかかる。

「めちゃめちゃうれしかったですね。ちゃんと見てくれている人はいるんだと。日ごろは地元クラブでの活動がメインだったので、どうしても『トップレベルとの差が開いているんじゃないか……』と不安を感じることもありましたから。

スカウトの方からは『中3の頭から来なよ』と言ってもらったんですが、親元を離れるということもあり、期限ぎりぎりである中3の3学期から行くことになりました。ただ、それまで通っていた中学校の卒業式に出られなかったのは少し心残りだったのと、わずか1学期間だけ在籍した広島の中学校で卒業式を迎えた不思議な感覚は今も忘れられないですね」

◉タレント豊富な下部組織から、トップ昇格を目指す

ここから完全寮生活によるサッカー漬けの日々が始まった。同期には、後に同期で唯一トップ昇格を果たす大崎淳矢《おおさきじゅんや》選手（現・クリアソン新宿）や茶島雄介《ちゃじまゆうすけ》選手（現・サンフレッチェ広島）、森保一《もりやすはじめ》氏の長男、森保翔平《もりやすしょうへい》選手（元・カマタマーレ讃岐）らがいた。また、2学年下には、現在、YouTuberグループ「LISEM」としても活躍している藤井貴之《ふじいたかゆき》選手（元・鹿児島ユナイテッドFCなど）、森保圭悟《もりやすけいご》選手、重行拓也《しげゆきたくや》選手らも所属するなど、タレントも豊富だった。

その間も、U－17やU－18などアンダー世代の代表には名前を連ね続けた。一緒にプレーしていた中には、当時プラチナ世代と言われた柴崎岳《しばさきがく》選手（現・鹿島アントラーズ）や宇佐美《うさみ》貴史《たかし》選手（現・ガンバ大阪）、杉本健勇《すぎもとけんゆう》選手（現・大宮アルディージャ）、宮市亮《みやいちりょう》選手（現・横浜F・マリノス）、さらには酒井高徳《さかいごうとく》選手（現・ヴィッセル神戸）、原口元気《はらぐちげんき》選手（現・浦和レッズ）らもいた。

クラブと代表とで充実した3年間を過ごした大森氏だが、それでも最終的にトップ昇格はかなわなかった。

「一学年上の原さん（原裕太郎《はらゆうたろう》選手／元・サンフレッチェ広島など）がGKとしてトップ昇格を果たしていたんです。さらには、翌年からあの西川周作《にしかわしゅうさく》選手（現・浦和レッズ）がサンフレッチェに来ることが決まっていた。さすがにその状況で、2年連続でユースのGKをトップ昇格させるというのはクラブとしては難しいという判断だったようです。ただ、まだ僕も若かったですし、そういうチーム事情を簡単に受け入れることはできませんでしたから、最後の最後まで手を抜かず、トップ昇格の可能性に賭けていました」

しかし、Jリーグへの扉は開かなかった。「ならば自らこじ開ける」という気概で臨んだのが、他クラブへの練習参加だった。今でこそ、Jリーグの下部組織に所属しながらトップ昇格がかなわなかった選手が、大学などを経由せずに直接他クラブの枠を勝ち取るケースは少なくないが、当時としては珍しかった。それでも、大森氏はどうしても高卒Jリーガーにこだわった。

「今思えば、怖いもの知らずでしたね。アンダー世代の代表に呼ばれているという自信もありましたし。でも、練習参加した当時J1のとあるチームでは、現場からはOKが出ていたにもかかわらず、最後にＧＭから『なぜ他クラブの下部組織にいたやつを取る必要があるんだ』と反対にあい、入団は実現しませんでした。大宮アルディージャなど他のＪクラブも受けたんですけど、結局ダメでしたね」

卒業ギリギリまでＪリーグ入りを模索していたため、進路の選択肢が極めて限られてしまった大森氏に手を差し伸べたのが、九州大学サッカーリーグの強豪、福岡大学だった。好条件を提示してくれたこの大学のオファーを受けた大森氏だったが、それは新たないばらの道の始まりでもあった。

◉３年間で公式戦出場はわずか２試合

「高卒Ｊリーグ入りがかなわなかったものの、練習参加を通じて実力的にはＪ１レベルでも十分やっていける自信はありました。そのうえで考えてみると、やっぱりどうせＪリーガーを目指すならもう一度サンフレッチェに戻りたい、という気持ちが湧き上がってきました。サンフレッチェってユースのすぐそばでトップが練習していて、とても身近な存在なんですよね。練習の雰囲気とかもいいし、やっぱり目指すならあの環境だなと。大学サッカーで力をつけて、

4年後にサンフレッチェの内定をつかみとる。それが入学後の目標になりました」

新たな目標を掲げた大森氏の出だしは順調だった。ほどなくしてスタメンを勝ち取り、順調に九州大学サッカーリーグでも実践を重ねていった。しかし、そんな大森氏を2つの厳しい現実が待ち受けていた。

「1年時の途中からちょっと試合に絡めなくなった時期があって、ちょうどそんなときにサンフレッチェのスカウトの方が試合を見に来られたんですよね。『おまえのプレーを見に来たんだけど、今日は出ないいんだな』と。この試合がもしかしたら目標としていたチームに戻るきっかけになったかもしれないと思うと、とても悔しくて……。その後、再びスタメンを勝ち取り、迎えた翌年の春のフェスティバル。そこで、今度は試合前のアップ中に指を骨折してしまいました。自身のパフォーマンスとしては結構よかったこともあり、ここでも落ち込みましたね。しかも、この日を境に同期の藤嶋（藤嶋栄介《ふじしまえいすけ》選手／現・モンテディオ山形）が出てきて、ブレイクしていくんですよ」


大学2年生から4年生までの間に、大森氏が出場した公式戦の試合数はわずかに「2」。九州大学サッカーリーグだけでも年間18試合あり、その上、総理大臣杯全日本サッカートーナメントや全日本大学サッカー選手権（通称インカレ）など、勝ち進めばそれだけ試合数も増えていく中でのトータル出場試合数である。そのほとんどのゴールマウスを藤嶋選手が任されており、大森氏は怪我が完治した後もそのバックアップに回り続けた。

「GKってスタメンの枠が一つしかないわけじゃないですか。しかも、チームの調子が良ければよほどのことがない限り、いじる必要のないポジションですよね。なので、僕がどれだけ練習で良いパフォーマンスを発揮したとしても、藤嶋によほどのアクシデントがない限り出番はこないという状況がずっと続きました。一緒に戦っているチームメイトに対して本当に不謹慎な話ですけど『怪我してくれないかな』なんて思いが頭をよぎったこともあります。当時僕の心の中ははっきり言って暗闇でしたよ。進んでも進んでも出口が見えないトンネルみたいな……」

◉大学の控えGKが、Jリーグ特別指定選手に

それでも大森氏は、練習時に手を抜くことは決してしなかった。試合に出られないとしても、せめて周囲のメンバーにだけは自分の力を認めてもらいたい。それをモチベーションにひたすら現実に耐え続けた。そんな大森氏に一筋の光が差し込んだのが大学2年の終わり。久々

に出場した九州大学サッカーリーグの試合後、当時Ｊ２ギラヴァンツ北九州のＧＫコーチだった吉岡宏氏《よしおかひろし》（現・ファジアーノ岡山ＧＫコーチ）が声をかけてくれ、ＪＦＡ・Ｊリーグ特別指定選手になることが決まったのだ。日本サッカー協会のウェブサイトには、ＪＦＡ・Ｊリーグ特別指定選手制度のことがこう説明されている。

本制度は、サッカー選手として最も成長する年代に、種別や連盟の垣根を越え、「個人の能力に応じた環境」を提供することを目的とする。受入先のＪクラブが、当該選手の高い能力をさらに伸ばすための環境を有し、かつ、同選手をＪリーグの公式試合に積極的に出場させる具体的計画を有することを本協会による認定の条件とする。（以下略）

【出典】「JFA.jp　ＪＦＡ・Ｊリーグ特別指定選手制度」

要は、大学のサッカー部に登録したまま、受入先のＪクラブの選手としてＪリーグ等の公式試合に出場可能となるわけだ。しかも、認定要件の一つとして「当該受入先のＪクラブにプロ選手として加入することが内定している選手」というものまである。つまり、この時点で大森氏はＪリーグ入りの内定を果たしたと言える。

「頑張っていれば見てくれる人はいるんだ、と思いましたね。大学でスタメンを勝ち取れず、ほとんど公式戦にも使われていなかった僕が特別指定選手になれたわけですから。その後も大学では相変わらず藤嶋のバックアップが続いていましたが、ギラヴァンツでの活動によってモチベーションを維持することができました。当時のギラヴァンツは三浦泰年《みうらやすとし》監督のもと、魅力的なサッカーをしていて、最終順位も前年よりは一つ下がったものの9位をキープ。大学3年時のJ2最終節ではベンチにも入れてもらいました。卒業後の進路もほぼギラヴァンツで行こうと固まりかけていたんです」

しかし、ここでもまた大森氏にターニングポイントが訪れる。その年のJリーグクラブライセンス申請において、ホームスタジアムが収容人員等でJ1基準を満たしていないことから、その解消がなされない限り、どんなに好成績を上げたとしてもJ1昇格の可能性は絶たれることになってしまったのだ。それにより来季へのモチベーションを失ってしまった三浦監督がこの年限りで辞任することとなり、既存の選手も大半がチームを去ってしまった。

「師事していた三浦監督やチームメンバーの方々がいなくなってしまったのは相当ショックでした。僕自身、もともとサンフレッチェに戻ることを目標としていたこともあり、やはりやるからにはJ1を目指せる環境でやりたかった。スタジアムの課題は、1年や2年で解消される問題ではないので、そうなるとちょっとここで頑張るのは難しいのかな……と感じるようになりましたね」

結局、大学4年時は特別指定選手を解消し、新たなチームを探すこととなった。ギラヴァンツ側はそれでも「待ってるから」と言ってくれたが、離れてしまった気持ちは簡単に元には戻らない。

「Jリーガーになることがゴールであれば、ここでギラヴァンツにお世話になる方法もあったと思うんです。そこからまた這い上がって個人昇格を目指す方法などもあったかもしれない。でも、考えが少し甘いかもしれませんが、僕はできるだけチーム一丸となって勝利や次のステージを目指せるような環境でサッカーがしたかった。優勝しても昇格できない環境では、やはりモチベーションも保ちづらいですからね」

◉安定か？　挑戦か？

そんな折、大森氏に思わぬオファーが舞い込んでくる。２年後に地元和歌山で開催される国体（正式名称／２０１５紀の国 わかやま国体）に向け、県が強化をバックアップしているサッカーチーム・アルテリーヴォ和歌山（当時、関西サッカーリーグ１部）に国体強化指定選手として誘われたのだ。しかも、就職先は和歌山県庁。

「生まれ故郷で開催される国体に県の代表として出られることはもちろん、その後も安定的に勤められる県庁職員というオファーに、正直心が動きました。高校から親元を離れていたので、これで親孝行もできるかなと思いましたしね。何よりギラヴァンツで、まとまっていたチームがバラバラになってしまう状況を目の当たりにしたこともあり『どうしてもJリーグに行く！』という気持ちが薄れていたのかもしれません。年齢的にも22歳ということで、そろそろ現実も見なきゃいけないしな、と」

悩んだ挙句、大森氏はこのオファーを受けることにした。これでＪリーガーとしての道は終焉《しゅうえん》を迎えたかに見えたが、なんという運命のいたずらか、県庁職員としてのオファーを受けた後になって、Ｊ2ロアッソ熊本から打診があったのだ。

「『えっ、このタイミングで⁉』と思いましたよ。Ｊリーグ入りは完全に諦めたつもりでしたから。Ｊリーグって移籍の流れ次第で枠が変わってくるので、おそらくロアッソの誰かが急きょ引き抜かれてＧＫ枠が一つ空いたんでしょうね。そこに僕が候補として挙がった。気持ちとしてはね、評価していただいたということでもちろんうれしかったですよ。いくらＪリーグ強化指定選手だったとはいえ、大学では2年時以降2試合しか出ていなかったわけですから。県庁職員になって国体を目指すか、もしくはＪリーグか。しかもロアッソはＪ1ライセンスが交付されていて、結果次第ではＪ1昇格の可能性もある。まだその段階では正式オファーという形ではありませんでしたが、打診があったということは、前向きな回答をすればＪ1を目指しているクラブに入団できる可能性は高い。今振り返っても人生で一番悩んだ時期でした。自分だけでは決められなくて、サンフレッチェユース時代の監督であるゴリさん（森山佳郎《もりやまよしろう》氏／現・ベガルタ仙台監督）にも相談しました。そこで言われたのが『本当に意志が強くなければプロになれたとしても、生き残ることは難しい。ここで悩んでいるようでは厳しいぞ』という言葉でした。また、大学の一学年先輩で、グランパスに入団していた牟田《むた》さん（牟田雄祐《ゆうすけ》選手／現・ボーウング・ケットＦＣ）には『どちらに行ったとしても何らかの後悔はすることになると思うので、それも含めて自分で決めるしかないぞ』と言われ、なるほどと思いましたね」

周囲のさまざまな人たちからもアドバイスをもらい、最終的に決断したのは、県庁職員のほうだった。「将来のことを考えて、安定を選択したということですかね」と大森氏は若き日を振り返る。当時の大森氏の中にはさまざまな想いが浮かんだだろう。もしかしたら大学2年のときのような、スタメンで出ていたにもかかわらず、たった一回の怪我で残りの3年間、ひたすらバックアップに耐え続けるシーンもよぎったかもしれない。同じことがプロの世界でも起きたら、その先どうなってしまうんだろうか、と。ここに、フィールドプレーヤーとはまた違ったＧＫならではの難しさがある。フィールドプレーヤーなら、仮にＦＷでスタメンを奪われたとしても、もしかしたらＤＦへのコンバートの可能性があるかもしれない。しかし、トップレベルでＧＫが別のポジションにコンバートすることは現実的ではない。正ＧＫの座を失えば、第2ＧＫ、第3ＧＫとして生きていくしかないし、若手にその座すら奪われてしまうかもしれない。熾烈《しれつ》な椅子取り競争である。

小学3年生から、Jリーグ入りという目標に向かって、熾烈なレギュラーGKの椅子取り競争を続けてきた大森氏は、12年後、その競争から自ら身を引いた。

◉サッカーは社会的に認めてもらい得る活動

その後、県庁職員として働きながら、アルテリーヴォ和歌山でのトレーニングを中心に生活を行っていた大森氏だが、2年後の国体が終わると、自動的にアルテリーヴォを退団せざるを得ない状況になった。

「基本的に練習が平日の午前中なんですよ。それまでは国体強化指定選手ということもあり、午前中は仕事を免除されていたんですが、国体が終わったらその配慮もなくなってしまい、練習に参加できなくなってしまう。他の選手は、スポンサー企業などに勤めているので優遇されているんですけど、僕は違った。練習に参加できないのに、試合だけ出るわけにもいかず、退団ということになりましたね」

1年後「原則、試合だけ参加」という条件でアルテリーヴォ和歌山に復帰。2年間活動したのち、アルテリーヴォ和歌山を正式退団した。現在は、ＦＣ和歌山という県リーグ１部のチームで週末中心に汗を流している。そんな大森氏は、サッカーを通じて学んだことを、今社会人としてどのように生かしているのだろうか。

「県庁職員って、とにかく異動が多いんですよ。今は出先機関で働いていますけど、もうしばらくしたらまた新しい環境で働くことになると思います。なので、誰とでもある程度円滑なコミュニケーションが図れるというスキルは、この仕事をしていくうえで欠かせませんね。幸い、僕の場合、Ｊリーガーを目指すため、どんどん新たな環境に飛び込んでいかざるを得なかった。トレセンとかエリートプログラムとかもそうですし、Ｊリーグの下部組織に入るときもそう。クラブの練習参加だって、誰も知らないところに行って一緒に練習をさせてもらうわけですから、挨拶や礼儀などは最低限求められます。そうしたことは、振り返ってみると自然と身についていったように思いますね。あとは、ＧＫというポジション柄、チーム全体がよく見えるんですよ。『あー、今あいつ集中力切れかかってるな』とか。そこで声をかけなきゃいけないんですけど、同じ言葉で伝えても選手によって、発奮したり、へそ曲げたり、さまざまなんですよね。なので僕の場合、選手によって、気持ちを考えながら、声のかけ方を変えていました。

時には、怖い先輩なんかにも声をかけなきゃいけなかったんで『あの先輩にはどうやって声をかけようか』とかそんなことをよく考えながらプレーしていましたね。なので、職場の上司には『いつも社内の雰囲気を良く汲み取りながら発言してくれるよね』と褒められたこともあります。これはサッカーをしていなければきっと身に付かなかったことじゃないかなと思いますね」

確かに大森氏は筆者に対しても、とても丁寧な受け答えを終始続けてくれた。インタビューが長引き、2時間を超えても、嫌な顔一つせず「まだ大丈夫ですよ」と笑顔で答えてくれ、筆者を安心させてくれた。

「もう一つは、コツコツやり続けられるようになったことですかね。県庁の仕事とかって、成果が出にくいというか、地道にやっていく要素が大きいんですよ。『県民ファースト』を合言葉に、すべては県民の方々のために尽くしているつもりですが、課題はいくらでも出てきますしね。だからこそ、短絡的に成果を求めるのではなく、コツコツ地道にやり続けていくことが必要なんです。僕は、大学時も含めて、たとえうまくいかないときでも、その環境でできることをやり続けてくることができた。そして、やり続けたことで光が差し込んできた経験もした。頑張っていたら誰かが見てくれていたということも実感できた。こうした出来事すべてが今の僕の財産になっています」

最後に、現在Ｊリーグ入りを目指している選手たちへのメッセージをお願いした。

「牟田さんに言われた『どちらを選択しても後悔はするよ』という言葉にもあるように、僕自身、今も後悔がないサッカー人生だったとは言い切れません。やっぱりできることならＪのピッチに立ってみたかったですし、少なくともその可能性に手は届いていたわけです。でも最後の最後で自分の殻を割れなかった。どうしても先回りしてリスクを回避しようとしていたところはあります。だから、もし皆さんが『どうしてもＪリーガーになりたい！』と強く思うのなら、ぜひ自分の殻を割って、先のことは考えすぎず、僕の分もチャレンジしてもらいたいなと思います。だって、考えてもみてください。僕のようにほとんどサッカーしかしてこなかった選手だって、県庁職員に採用してもらえたんですよ。たとえＪリーガーになれなかったとしても、サッカーをやり続けることは社会的にも認めてもらえる活動なのだという意識は、サッカー選手を目指す皆さんに持ち続けてもらいたいですね」

インタビューから数日が経ったある日、人気YouTuberグループ「LISEM」の番組に出演している大森氏の映像を見た。3人の後輩たちがペナルティエリア外から次々とシュートを打ち、それをセーブしていく役割だ。30歳を超え「もう衰え切ってますよ」と笑う大森氏だが、その姿と立ち居振る舞いはまだまだ現役選手そのものだった。何より印象的だったのが、その柔和な笑顔と後輩たちへのさりげない気遣い。「もっと『自分が』というエゴを持てていれば間違いなくJリーグ入りしていた」と話す大森氏だが、もし目標を実現させていたら、あの笑顔と気遣いはどこかで失われてしまっていた可能性もあったかもしれない。

約90万人の和歌山県民の方々は、あのときの大森氏の決断を知ると、感謝をしたくなるに違いない。

第4章

試合に出られない経験が、他人の痛みに気づかせてくれた

・名前：柴田直治
・生年月日：1978年10月15日
・出身県：広島県
・身長／体重（現役時）：180㎝／72kg
・利き足：右
・主なポジション：DF（センターバック）
・好きな選手：ネスタ、イニエスタ、ロナウジーニョ
・ライバル：古賀正紘
（U-17日本代表のチームメイト）
・サッカー歴：
1986-1991 鈴が峰SC
1991-1994 広島市立井口台中学校
1994 安佐南FC
1994-1997 広島県立広島皆実高等学校
1997-2001 関西学院大学体育会サッカー部
2001-2004 ソニー仙台FC

「黄金世代としのぎを削った理論派センターバック」
柴田直治《しばたなおじ》氏（1978年生まれ）

【現職】外資系製薬会社勤務

・中学時代、広島市選抜選出からわずか2年足らずで世代別日本代表候補にまでステップアップ。
・高校1年時に迎えたFIFA U-17世界選手権のメンバー入りがかなわず、全国高校サッカー選手権大会への出場も果たせず。
・大学卒業後に進んだJFL・ソニー仙台では、人生初のベンチ外という大きな挫折を味わう。

何を隠そう実は筆者も、密かにサッカー選手を目指していた。小学校の卒業文集に書いた空想世界では、日本代表のMFとして、ワールドカップ決勝の舞台でブラジル相手に決勝点のアシストも決めている。しかし、筆者の淡い夢は、中学時代、同じ部活に入ってきたこの男との出会いから少しずつ遠のいていった。とにかく速くて強い。中学1年生ながら50ｍを6秒台で走り、体格も同級生のわれわれより一つ抜けていた。シュートは脚色抜きでうなりを上げるほど。筆者がサッカーどころ埼玉県浦和市（現・さいたま市）で磨き、わずかばかり自負していた技術面も、3年間であっという間に追い抜かれていった。「こういうやつがプロに行くんだな」そう信じて疑わなかった。しかし、プロサッカー選手という壁は筆者の想像を遥かに超える高さにあったらしい。これは一人のサッカー選手が教えてくれた、見えないモノサシのようなエピソードである。

◉バスケットボールか、サッカーか

彼の名前は柴田直治という。柴田氏のサッカー人生は小学2年生のとき、広島市内の小学校で行われていたサッカー教室から始まった。

「野球教室もありましたが、3年生から入会可能だったので『じゃあ、サッカーかな』と。1年生のころから同級生たちと学校の休憩時間にサッカーをしていたので、自然と通い始めた感じですね。同級生は20名弱、各学年の子どもたちと週3回ほど、楽しみながらサッカー教室に通っていました。少しずつ上達して、5年生のころには1つ上の学年の試合にも出してもらえるようになりました」

強豪チームというよりは、いわゆる街のサッカーチームだ。目立った実績としては、6年生のときに区選抜に選ばれ、市大会に出場した程度。サッカーに一番夢中になっていたとはいえ、当時の彼にとって、サッカーは楽しみの一つに過ぎなかった。

「ちょうど地元の中学校に上がるとき『スラムダンク』がはやっていました。背も高かったので、バスケットボール部もいいかなと考えていたくらいで。小学校のメンバーのほとんどはそのままサッカー部に入ることもあり、最終的にはサッカー部を選びました」

時代背景もあるだろうが、のちにJリーガーを目指そうという選手が、サッカー部とバスケットボール部で悩んだという言葉に、筆者は不思議な感覚を覚えた。部活動でサッカーをするか、クラブチームでサッカーをするかで悩むというのとは趣が大きく違うように思われたからだ。でも、もしかしたら、柴田氏ならバスケットボールを選んでいてもかなりのレベルまで行っていたかもしれない。それほどまでに、中学時代の彼の身体能力はずば抜けていた。

「中学校では、幸い1年生から試合に出させてもらいました。その流れもあって、1年生の広島市選抜候補に選ばれました。花木さん（筆者）も一緒に練習会に行きましたね」

確かに筆者も練習会までは行った。しかし、その選抜候補メンバーを集めた何度かの練習会を境に、柴田氏のサッカー人生は急展開を見せ始める。

「当時のＦＷのポジションには後にＪリーガーになるほどの優れた選手がおり『ＤＦにコンバートするなら選抜に残れると思うがどうする？』という選抜チームのコーチの言葉を受け、ＤＦにチャレンジしました。その後、広島市選抜での活動を経て広島県選抜にも選ばれ、中国地方５県の選抜チームが集まる大会に出場しました。優勝を目指していたものの、最後に山口県選抜に負けてしまいましたが、幸運なことに私は中国地方選抜にも選ばれ、選抜の全国大会に参加できることになりました。中学２年生のころでしたね。１年間で市選抜から中国地方選抜にまで選ばれることになり、自分でも今の自分がどの位置にいるのか分からないくらい目まぐるしい日々でした」

滑らかに語る柴田氏だが、中学時代は寡黙な男だったため、筆者は同じ部活動でサッカーをしていながら、こうした事実はこの日のインタビューで初めて知った。

「一方で、中学２年からは広島市内の強豪クラブチームである安佐南ＦＣに縁あって所属しました。安佐南ＦＣでは県大会・中国地方大会を勝ち抜き、高円宮杯全日本ユース（Ｕ－15）サッカー選手権大会（現・高円宮杯ＪＦＡ全日本Ｕ－15サッカー選手権大会）に出場し、全国ベスト4に進出することができました。中国地方選抜として全国選抜大会への出場、またクラブチームでの実績が認められ、U－15の日本代表候補にも選出されました」

このときのU－15日本代表には、のちに1999FIFAワールドユース選手権で日本を準優勝に導く小野伸二《おのしんじ》選手（元・浦和レッズ、フェイエノールトなど）や高原直泰《たかはらなおひろ》選手（元・ジュビロ磐田、ハンブルガーSVなど）、稲本潤一《いなもとじゅんいち》選手（現・南葛SC）ら、そうそうたるメンバーが名を連ねており、1995FIFA U－17世界選手権を目指して全国から選手を集めてチームが強化されていた。

「私は彼らの1学年上の世代ですが、当時のアンダー年代の大会は、年度の区切りである8月1日以降に生まれた選手と、1つ下の学年から編成されていました。同学年にはJリーグに進み活躍した中村俊輔選手や大野敏隆《おおのはるたか》選手（元・柏レイソルなど）もいたのですが、年度の区切りで対象に入っていなかったのでしょう」

◉今も夢に出てくる選手権敗退シーン

中学で日本最高峰のレベルを体感した柴田氏は、次の進路として広島県立広島皆実《みなみ》高校を選んだ。入学当時の3年生には卒業後にサンフレッチェ広島などで長く活躍した山根《やまね》巖《いわお》選手がおり、その後も森重真人《もりしげまさと》選手（現・FC東京）らを輩出し、２００８年度の全国高校サッカー選手権大会では優勝も果たした名門校だ。Ｊリーグの下部組織や他県の強豪校も検討したが、最も熱心に誘ってくれたのがこの地元の県立高校だった。

「当時の広島皆実高校は全国大会にこそ出場できていませんでしたが、広島県の中では上位に位置し、いい選手が集まっていました。そのため『3年間で必ず全国高校サッカー選手権大会（以下、選手権）に出場して活躍する』という思いで進路を決めました」

柴田氏は入学してまもなくセンターバックとしてレギュラーに定着し、その夏のインターハイでは県大会で優勝。全国大会では当時無名の高校ながら強豪校を次々と打ち破り全国3位に輝いた。しかし、入学前に目標として描いていた冬の選手権への出場はかなわなかった。結論から先に書くと、その後も夏のインターハイや高円宮杯全日本ユース（U－18）サッカー選手権大会（現・高円宮杯U－18サッカーリーグ プレミアリーグ）では全国の舞台に立ったものの、2年生も3年生も最後まで選手権では全国の舞台にたどり着くことはできなかった。

「1年生時に選手権県大会で負けたときは悔しさもありましたが、残り2年の間に必ず出場するという思いを持っていました。2年生では県大会決勝で負け、先輩からは『絶対にお前らの代で選手権に行けよ』と声をかけてもらい、その想いも背負って3年時に臨みましたが……。最後は県大会準決勝のPK戦で力尽きました。プロに行けなかったことへの思いもありますが、この選手権に行けなかったことは忘れられない記憶です。準決勝で負けた試合のシーンは今でも夢に出てくることがあります」と語る柴田氏は、いま目の前で起きた出来事のように悔しさをにじませる。

柴田氏がそこまで選手権への出場にこだわった理由は何だったのか。少し時を巻き戻して振り返ってもらった。

「年代別日本代表の活動では、数カ月ごとに代表候補合宿が行われ、毎回多くの選手が全国から集まり、生き残りをかけてプレーをアピールし、大会に向けた選手の選考・選抜が行われていました。当時、代表候補合宿の案内は郵送で行われていて、招集時は自宅の郵便受けに日本サッカー協会からの封筒が届きました。封筒が届いたときは「よっしゃー!」と喜びと安堵の気持ちでいっぱいになり、合宿後は次回また封筒を受け取れるか緊張や不安があったことを思い出します。

合宿や遠征では、全国の強豪チームから集まる選手たちの中で、毎回メンバーとして生き残ることに必死でした。数十名が集まる合宿から20名強まで選抜されたメンバーが、チーム強化を目的とした海外遠征や国際大会に参加しました。当初はメンバーには選ばれるものの控えメンバーという立ち位置でしたが、先発メンバーとして出場する機会も徐々に増えていきました。

そして高校1年生（1994年）では、翌年行われるFIFA U-17世界選手権の予選でもある、カタール・ドーハで行われたU-16アジアユース選手権（現・AFC U-17選手権）に出場しました。日本はこの大会で初めて優勝し、世界選手権への出場権を得ました。日本サッカーの歴史に残る快挙でしたが、優勝したことの喜びの一方で、個人的には悔しい思いでいっぱいでした。というのも、大会初戦は先発メンバーとして出場しましたが、いいパフォーマンスを発揮することができず、チームは敗戦。２戦目以降は控えメンバーとして途中出場するに留まり、優勝したチームに十分に貢献することができなかったと感じていたためです。

振り返ると、同年に韓国で行われたU-16アジアユース選手権の予選大会は控えメンバーのため出場経験がなく、国の代表同士がぶつかる国際公式試合への出場は初めてだったことで、気負いがあり、普段通りにプレーできていなかったのだと思います。試合開始前の国歌斉唱時に流れる君が代を口にしながら、必要以上の重みを感じていたんですね。

その後は翌年エクアドルで開催される世界選手権に向けて、チームの強化とメンバーの選考が再開されました。各自が所属する高校やクラブチームに戻り練習や試合を通してプレーを磨き、代表候補合宿では全国から集まる選手と競争が行われました。今考えるとしびれるような刺激的な毎日でしたが、当時は振り返る余裕もなくただただ必死でした。

最終的に世界選手権の登録メンバーである22名には選ばれましたが、現地に行き大会に出場する18名には選ばれませんでした。外れた4名の中には、小笠原満男《おがさわらみつお》選手（元・鹿島アントラーズ、メッシーナ）や曽ケ端準《そがはたひとし》選手（元・鹿島アントラーズ）もいました。彼らも悔しい思いを糧にして、その後の活躍に繋げたのでしょうね。いま思えば彼らも外れたくらいだし『そう落ち込むな』と、当時の自分に声をかけてあげたいですが、当時は落選したことが本当に悔しくて。しかも、学年では1つ下の世代もいるメンバーの中での競争に負けてしまったわけですし。世界選手権に出場できれば、プロになることももっと身近な目標に感じられたと思います。この悔しい経験を経て、プロを目指すよりも、まずは選手権に出場して活躍することを目の前の目標として意識するようになりました」

当時、柴田氏には、もう一つ悔しい出来事があった。それは海外遠征中に突然襲ってきたメニエール病の発症である。メニエール病とは以下のような症状が出てくる病気だ。

メニエール病の特徴的な症状は、ぐるぐる目が回るような回転性めまい、耳鳴り・難聴、吐き気などです。発症の仕方は個人差がありますが、一般には耳が詰まったような違和感や耳鳴り、聴力の低下などが突然現れ、その後めまいの発作が生じます。めまいの発作は30分から数時間続くことが多く、吐き気や嘔吐を伴うことも少なくありません。そして、メニエール病はいったんこれらの症状が治まったとしても再発しやすいことが特徴のひとつです。再発を繰り返していくうちに症状は悪化していき、特に聴力の低下は発症当初は低い音のみが聞こえにくくなるものの、進行すると高い音も聞き取りにくくなります。

【出典】メディカルノート　メニエール病

柴田氏は、突然のメニエール病発症により、U－16日本代表として向かったドイツ遠征のホテルで急に倒れてしまい、到着後も数日間トレーニングや試合出場を断念することになってしまった。

「……ショックでしたね。サッカーのために海外に行っているのに、現地でボールを蹴るどころか立ち上がることもできない。帰国後に病院に行っても明確な原因や対処法も分からなかった。おそらく飛行機に乗った際の気圧の影響も理由の一つだったと思いますが、原因や対処法が明確にならない以上、次いつまた同じ症状が起きて倒れてしまうか分からない。そんな状態で、日本代表として海外に出て戦うことができるのか……という葛藤もありました」

日の丸を胸につけて戦うということ。その重みを感じずにはいられないエピソードである。

◉大学レベルでは通用しない……Jリーグの厳しさ

こうして柴田氏は世代別日本代表から遠ざかり、その悔しさを胸に取り組んだ選手権出場もかなわなかった。

「全国的な大会で思い描いていたアピールをできなかったこともあり、高校3年の時点ではJリーグ入りは厳しいと思っていました。もちろん声がかかれば考えたかもしれませんが、オファーはありませんでした。それであれば大学で成長して4年後に声をかけてもらえるように頑張ろうと思うようになりましたね」

大学は関西学院大学（以下、関学大）に進んだ。高校2年生のときから関学大の監督が声をかけてくれていたのだ。高校の先輩や同期は、明治大学や順天堂大学など、関東の強豪大学に進学する者もいたが、柴田氏は当時関西2部リーグから1部に昇格して間もない関学大を選んだ。

「高校進学時から一貫して念頭にあったのは『文武両道』と『鶏口牛後《けいこうぎゅうご》』※1という言葉です。学業とサッカーの『文武両道』を実現できる環境があるか。その上で、関東の強豪大学の厳しい競争に身を置いてレギュラーを目指すのか、強化を進めている関学大で機会をつかむのか。前者は試合に出られない、後者はレベルの高い舞台に進めない、のようにそれぞれリスクがありましたが、私は後者のリスクを取り、関学大に進学しました」

柴田氏の狙い通り、関学大に入学後まもなくレギュラーとなり、1年生の夏には全国大会（総理大臣杯全日本大学サッカートーナメント）に出場。その後も全国大会への出場を続け、3年生時には全国大学サッカー選手権大会（現・全日本大学サッカー選手権大会、通称インカレ）でベスト4に入った。また、4年生時にはキャプテンとしてチームを率い、第80回天皇杯では当時Ｊ2のベガルタ仙台に勝ち、大学チームがＪクラブを破る大会史上初の快挙を達成した。個人としても関西大学選抜に3回選出され、4年生時には関西Ｂチームのキャプテンを担い、

※1　鶏口牛後：大きな組織や集団の中で後ろから従うよりも、小さな組織であってもその先頭に立つことを重んじるべきという意味の中国の故事成語。

大学サッカーの精鋭が集まる地域対抗戦（デンソーカップチャレンジサッカー）で準優勝を経験した。

ちなみに当時大学サッカーで柴田氏が対戦し、その後プロ入りして活躍した選手には、筑波大学の羽生直剛《はにゅうなおたけ》選手（元・FC東京など）、福岡大学の黒部光昭《くろべてるあき》選手（元・京都パープルサンガ／現・京都サンガF.C.など）らがいる。

柴田氏は大学生との試合では高水準のパフォーマンスを発揮できていた一方で、トレーニングマッチでたびたび対戦していたJリーグのトップ選手たちとは、大きなレベルの差を感じていた。

「関西に拠点を置く、セレッソ大阪、ガンバ大阪、ヴィッセル神戸、京都パープルサンガとはよく試合をする機会がありました。私のポジションはディフェンダーだったので、当時日本代表でも活躍していたセレッソ大阪の森島寛晃《もりしまひろあき》選手や西澤明訓《にしざわあきのり》選手、ガンバ大阪の小島宏美《こじまひろみ》選手や播戸竜二《ばんどりゅうじ》選手、京都パープルサンガの三浦知良（カズ）選手など、日本を代表するフォワードと対戦する機会に恵まれました。私の役割は彼らを抑えることですが、トップレベルの選手とは圧倒的なスピードやパワー、技術の差を感じていました。小島宏美選手の一瞬のスピードにはどうやっても追いつけないし、西澤明訓選手は私とほとんど変わらない身長なのに、同時に高いボールを競り合っても胸でトラップされてしまう。どれだけ飛ぶんだよと。カズ選手はクロアチアから帰国してすぐの試合でしたが、試合後に誰よりも熱心にフリーキックやシュート練習を行っていた姿が目に焼き付いています」

筆者からすると、あれほどの身体能力を有していた柴田氏がまったく敵わない相手がいるという事実はにわかには信じがたかった。もちろん年代の違いなどもあるので一概には比較できないものの、中学時代、筆者がどれだけ必死にボールをとろうとしても、かすらせてももらえなかった柴田氏が、スピードやパワーで圧倒的に敵わない世界。Ｊリーグのレベルは筆者が想定していた高さの遥か上の、さらに上をいっていたようだ。

●ふいに言い渡された戦力外通告

「チームのためにこの選手を獲得したい」とＪクラブのスカウトから声をかけてもらえるよう、高いレベルのプレーを継続して発揮することに取り組み、実績を積み重ねた柴田氏であったが、大学在学中もＪクラブからオファーが来ることはなかった。

これまで一緒にプレーしてきた多くの選手がサッカーの道に進む中、ビジネスの世界に飛び込むことも検討し、就職活動を始めていた大学４年生の柴田氏に、一つのオファーが届いた。ソニー仙台ＦＣからだった。ソニー仙台ＦＣは当時、Ｊ２リーグの一つ下にあたるＪＦＬに所属※2。チームはＪリーグ加入希望を表明しておらず、たとえＪＦＬで優勝してもＪ２リーグに上がる可能性はない。しかし、試合で高いパフォーマンスを発揮してチーム成績にも貢献をし続けていれば、Ｊクラブから声がかかるかもしれない。

また、サッカー部ではないものの、以前に大学ＯＢがソニーに入社し、仙台で勤務した後に海外に赴任して活躍されている様子。サッカーの可能性を追求しながら、ビジネス上のキャリアにもチャレンジできる可能性があることが決め手となり、ソニー仙台ＦＣに加入することに決めた。

「大学卒業時点でサッカーをやりきった実感はなく、より高いレベルで力を発揮したいと思っていました」

しかし、今度の現実は容赦なかった。「ＪＦＬ通算出場試合数／４試合（３年間）」これが

※２　ソニー仙台 FC は 2024 年 12 月末をもって JFL 退会および活動終了となることが発表されている。

柴田氏の実働試合数である。２００2年こそ日韓ワールドカップ開催の影響で年間試合数が少なかった（年間1回総当たり／1チーム17試合）が、基本的に「年間2回総当たり／1チーム30試合」というレギュレーションの中で、3年間でわずか4試合出場というのは、ほぼ試合でプレーしていないことと同義である。こうなった要因の一つは酷使し続けてきた足の怪我だった。さらに、痛みがひいても本来のフォームに戻らなかった。思い描く本来のプレーができない選手が出場できるほど、ＪＦＬは甘くはなかった。

「あんなにサッカーをスタンド観戦し続けていた時期はありませんでした。高校、大学でしのぎを削っていたみんなはプロでバリバリ活躍しているのに、毎週スタンドで何やってるんだよ……と。大げさかもしれませんが、自分にとって真っ暗闇の中でもがいている3年間でした。そして3年目が終わる25歳に会社からサッカー選手としての戦力外通告を受けました。チームに貢献できていない状況から予想はしていましたが、それまでの真っ暗闇から今度は頭が真っ白ですよ。これまで打ち込んできたサッカーがなくなると、自分には何が残るんだろうと」そう語る柴田氏は、黒と白のコントラストをことさらに強調した。

ソニー仙台ＦＣは実業団チームのため、サッカーができなくなっても社員として仕事に取り組むことができる。柴田氏も次のキャリアを視野に入れてこのチームを選んだ。

平日は毎日朝8時半から15時または17時まで会社で働き、それから練習のためにグラウンドに向かった。練習を終えてから仕事のため会社に戻ることもあり、仕事にも真剣に取り組んでいた。しかし、サッカーで思い描いた活躍や貢献ができないままの戦力外通告にショックは大きく、準備のできていなかった気持ちはついていかなかった。

「サッカー選手としての引退には正直向き合える部分もありました。完全燃焼には到底及ばないものの、試合に出られない以上どこかで区切りが必要と感じていたので。一方で、試合に出るために毎日必死だったので、サッカーを離れてからの次のステップは全く考えられていませんでした。それまでの『サッカーがあって仕事がある』という環境から『仕事にエネルギーを注ぎ今後の人生を築いていく』環境へ。その切り替えがうまくできず、これからどうしたらいいのか、途方に暮れていました」

現実に目を向けると、この3年間で仕事では入社同期から大きな遅れを取っていた。同期たちはこの3年間で無我夢中に仕事をし、経験と実績を積み重ねていた。任された仕事のために何度も海外に出張している同期も多数いた。一方の自分はサッカーが中心で、彼らほど仕事にエネルギーを割いてこなかった。経験も実績も比べものにならない。ここで生き残っていくには今からでも追いかけて追いついていくしかない。本当にできるのか……。葛藤を繰り返す柴田氏に、次のような出来事と想いがよみがえってきた。

それは、中高生の時にサッカーの海外遠征で各国に行ったことがきっかけで、海外に出て活躍したいと思ったこと。就職活動時は海外で働ける可能性のある商社やメーカーを志望したこと。大学ＯＢの海外赴任の話がソニーに入社を決める後押しになったこと。将来を見据えて入社後は英語学習を続けてきたこと。

「これらのことが自分の中で改めて繋がって、すぐには無理でも、将来的に海外に出て活躍することを目標に頑張ろうと思うようになりました。とはいえ、入社後3年間で電話やメールを含めて仕事で英語を使う機会は一度もなく、海外に出て活躍することははるか彼方の目標でした。サッカーではプロになり海外でも活躍することはかないませんでしたが、どの方向に進みたいのかが少しずつ見えてきて『真っ暗闇』と『真っ白』の状態から少しずつ目の前に明かりが灯ってきた時期でした」

◉社会でも必要な「自ら主張していくスキル」

目標が定まってからは、入社以来担当していた人事の領域で、目の前の仕事に貪欲に取り組んだ。サッカー選手を引退した翌年には仙台から東京に転勤して仕事の幅や人の繋がりを広げ、東京勤務5年目には、スロバキアへの海外赴任が実現した。数年後にはロンドンにも赴任した。海外勤務経験や人事としてのキャリアを生かし、現在は外資系製薬会社で人事マネジャーとして働いている。そんな柴田氏の日々の仕事において、Jリーガーを目指した日々はどのように生かされているのだろうか。

「二つあります。一つ目は、プロとして活躍したいという気持ちはありましたが、自分からそのことを積極的には発信できていませんでした。スカウトに声をかけてもらえるよう大きな舞台に立って優れたプレーをすることを目指していましたが、一方で、声がかからなくても自分からアプローチすることはなかった。その反省から、やりたいことは周りに伝えるようになりました。海外赴任についてもいい準備をして機会を待つのではなく、上司や同僚に自分から希望を伝えていましたし、海外赴任を担当していた他部署のマネジャーにも時間をいただいて直接希望を伝えました。

二つ目は、意外に思われるかもしれませんが、ソニー仙台ＦＣ時代の３年間です。今でこそ笑って話せるようになりましたが、当時は控えメンバーにも入ることができずにスタンド観戦が続き、情けない思いで、以前からの友人にもほとんど連絡をとっていませんでした。でも振り返ると、あの３年間は、試合に出続けていたころと同等か、もしくはそれ以上の学びがありました。自分が苦しい経験をした分、他人の苦しみも想像できるようになりました。それまでは試合に出られない選手から相談されても、できていないことを率直に指摘して『もっと頑張れ』と返していました。自分なりに相手のことは考えていても、相手の立場に立って一緒に考えることはできていませんでした。今は人事という仕事柄、リーダーや社員から相談を受けることもあり『人それぞれ、いろいろな思いや事情を抱えているんだ』とその人の立場に立った上で、話を聴くよう心がけています。苦しい経験を通じて人間として成長できた部分かなと思いますね」

最後に、Ｊリーガーを目指している若者たちに伝えたいことを聞いてみた。

「私自身、大きな達成感を感じる経験もあれば、反対に悔しかったり苦しかったりした経験も数多くありました。大切なことは、思うように物事が進まない経験をしたときに、そこから何を学びどのように生かしていくかだと思います。選手としても怪我があったり、重要な試合で力を発揮できなかったり、そもそも試合に出られないこともある。それらの経験をしたときに停滞してしまうのか、学んだことを生かして成長に繋げられるのか、その違いが大きな差になって現れてくると思います。

またそのためにも、自分の考えを言語化する力を磨くこと、そして周囲にアドバイスやフィードバックを求めて生かしていくことをお勧めします。もっとうまくなりたければ、自分からどんどん指導者に話しかける。その際はただ質問するのではなく、自分なりの考えを伝えた上で、アドバイスを求める。チャンスを得るために自分から希望を伝えてみる。そうして得たアドバイスやフィードバックを次に繋げる。こうした働きかけを現役時代からもっとできていれば……と思うこともあります。だからこそ、皆さんには若いうちからやり続けてほしい。

これも私の振り返りですが、ソニー仙台FC時代、本職がセンターバックだった私に、コーチが『サイドバックをやってみないか?』と打診してくれたことがあります。有望な選手が同じポジションで加入したことを受けてのアドバイスでしたが、私はポジション争いに勝って試合に出たい、ここで打診を受けることは競争から降りて負けを認めることになるという思いから『センターバックとして試合に出られるよう頑張ります』と返事をしました。当時ほとんど試合に出られていなかった私にとって、どのポジションであっても試合に出ることが何より重要でしたが、その気持ちをうまく伝えられませんでした。もっと打診を柔軟に受け入れて『サイドバックにもチャレンジします』と返答していれば、試合出場数も４試合にとどまっていなかったかもしれません。全てのコミュニケーションをうまく行うことは難しいでしょう。でも、日々のコミュニケーションが将来の自分を創っていくんだという気持ちでトレーニング同様に取り組んでみてもらえたらと思います」

インタビュー終了後、雑談をしながら、ふと２０２３年に引退した小野伸二選手のことを聞いてみたくなった。一緒に練習をしたり、試合に出たりしていた彼はどうだったのか。

「いやー、あのころから飛び抜けてうまかったでー。でもおれにも意地があるし負けられんしな。１対１のときも『絶対に抜かれてたまるか！』という気持ちでガツガツ行ってたわ。抜かれはしないものの、どうやってもボールは取れんかったわ」

広島弁でそう話す同級生のことを、今まで以上に身近に感じ、と同時にリスペクトしている自分がいた。

第5章

サッカーに出会わなければ、これほど人に恵まれた人生にはならなかった

・名前：迫田和憲
・生年月日：1979年6月25日
・出身県：兵庫県
・身長／体重（現役時）：168cm／65kg
・利き足：右
・主なポジション：FW
・好きな選手：三浦知良
・ライバル：播戸竜二（高校時代の兵庫県選抜仲間）
・サッカー歴：
1988-1991 多井畑サッカースポーツ少年団
1992-1995 神戸市立友が丘中学校
1995-1998 滝川第二高校
1998-2002 東海大学
2002-2007 ホンダルミノッソ狭山FC

「反骨精神でゴールを量産する非エリートストライカー」
迫田和憲《さこだかずのり》氏（1979年生まれ）

【現職】本田技研工業株式会社 埼玉製作所　勤務

・兵庫の名門・滝川第二高校に進み、高校3年時にはインターハイ、冬の選手権といずれも出場。
・県リーグに所属していた東海大学では、3年時、関東大学サッカーリーグに参戦し、総理大臣杯全日本大学サッカートーナメントでは全国優勝。
・4年時、人生を賭け、ヴィッセル神戸の練習に参加。

今回の書籍の登場人物は、「Jリーガーに手が届かなかった」男たちである。しかし、それは決して、彼らの力や経験がJリーガーになるうえで劣っていたということと同義ではない。夢を現実にできるかどうかは紙一重だ。

怪我などの目に見えて分かる要因はもちろん、わずかなタイミングの差だったり、運だったり、はたまた自身を取り巻く縁だったりということも往々にしてあり得るのだと、筆者は彼へのインタビューを通じて知ることとなった。

迫田氏とは共通の知人である長島《ながしま》大亮《だいすけ》氏（元・滝川第二高校サッカー部）を通じて知り合った。初めてオンライン越しに会った迫田氏は、子どもたちの図工の作品がきれいに飾られた壁をバックに、彼らが通う習い事（やはりサッカーが中心のようだ）の話に目を細める４児の父であった。そんな迫田氏に、わざわざ20年以上も前の挫折経験を思い起こさせるのは正直気が引けた。

しかし、筆者が質問を始めた刹那、彼の表情は柔和なパパの顔から、ストライカーの顔へと変わり、自ら進んで言葉を紡ぎ始めた……。

◉サッカーは楽しくやらないとダメなんだ

「小さいころからプロを目指していたわけじゃなかったんです。とにかく目の前の試合に勝つこと。県大会に出たらそこで目の前の試合に勝つ、次に全国大会に出たらまたそこで目の前の試合に勝つ……と一つ一つ目の前の目標に向かってやっていただけだったんですよね」と語る迫田氏がサッカーを始めたのは小学3年生のとき。小学校に2つの少年団があり、そのうちの一つに籍を置き、ボールを蹴り始めた。

チームの練習は厳しく、極寒の雪の中、ユニフォームを脱ぎ、5㎞走などを行うこともあった。「今の時代だったら、保護者が黙っていなかったでしょうね」と笑う迫田氏だが、それでも心身ともに厳しいトレーニングが勝利に繋がっていくと信じ、必死に取り組んだ。

こうして小学校6年生のときに迎えた県大会。迫田氏の所属チームは決勝にたどり着くことすらできず負けてしまった一方、優勝したのは、同じ小学校区域にあるもう一つのほうの少年団だった。3年生のころから横目で見てきた自分たちと対極にある〝楽しくやるサッカー〟。でも「俺たちのほうが厳しいトレーニングを乗り越えてきた。負けるはずがない」

しかし、現実は迫田氏らに容赦なかった。

「実はうすうすとは気づいていたんです。彼らのサッカーが本当に楽しそうで、それをうらやんでいる自分に。だからこそ勝ち上がって彼らより上に行きたかった。だって、つらく厳しい練習をしたのに負けたら何も残らないじゃないですか。でも負けてしまった。やっぱりサッカーは楽しくやらないとダメなんだなとそのとき思いましたね」

小学生時において全国大会出場はかなわなかったが、結果的に中学のサッカー部では、県内で優勝争いするほどの2チームのメンバーが集まる。クラブチームが今ほど盛んでなかった当時、県内でも指折りの強豪チームが生まれた。

「当時は確かヴィッセル神戸の下部組織が立ち上がったばかりくらいだったと思いますが、正直われわれのほうが強かったですし、クラブチームに負けることはほとんどありませんでしたね。まあ30年近く前のことなんで、今とは全然状況が違いますけど」

楽しいサッカーを知る仲間たちと切磋琢磨し、メキメキと力をつけていった迫田氏のもとには、県の選抜メンバー入りという吉報も届き、サッカー選手としての自信を深めた3年間だった。

◉念願の全国大会を目指し続けた高校時代

高校は県内の全国大会常連校・滝川第二高校を選ぶ。「どうせやるなら出られなくてもいいから、全国を目指せる強いチームで頑張ってみたい」とセレクションを受け、見事合格。しかも、並み居る先輩たちの中で1年時からAチーム入りを果たした。

「時代背景もあり、当時はまだ上下関係も厳しい環境でした。にもかかわらず、1年生でAチーム入りした4人のうちの1人だったので、上級生と絡む機会も多く、サッカー以外のところでいろいろと気を遣うことも多かったです。このときはさすがに『楽しくサッカー』とはいきませんでしたね」と苦笑する。

1年時の冬の選手権の県予選はベスト8。自身出番はなかった。しかし、全国への想いは日に日に膨らみ「とにかく全国大会に絶対出る」と心に刻み、トレーニングに励んだ。2年時の1個上は、のちのJリーガー5人を輩出することとなる、迫田氏いわく「最強世代」だった。その中にレギュラーとして食い込み、夏のインターハイ予選に全試合出場。チームは見事県予選突破を果たした。

「これでついに俺も全国大会に行ける、と確信しましたね。小学校のころから、ギリギリでかなわなかった舞台なんで。でもインターハイの1カ月くらい前から急にパフォーマンスが落ちてきてしまって……。当時の滝川第二は、一部を除いて、登録メンバーを選手たちの投票で決めていたんですけど、そこでは満票で選ばれたのに、1週間前に監督に呼ばれて『お前、最近調子悪そうだな。申し訳ないけどお前の枠を3年生に……』って。めちゃくちゃショックでしたよ。家に帰って泣きまくりました。だって、予選は全試合出場ですよ。確かに調子は崩していましたが、最低でも登録メンバーには入れると思っていましたから。山梨まで行ってまさかのスタンド観戦です……」

そんな迫田氏の悔しさをよそに、滝川第二はそのインターハイで1回戦、2回戦と勝ち上がる。そして迎えた3回戦は、中村俊輔選手擁する桐光学園。試合には敗れてしまうが、その中村選手に決められたゴールがスタンドにいた迫田氏には忘れられない。

「うちのディフェンスが4人くらい抜かれてゴールを決められたんです。のちのJリーガーもいた中での4人抜きですからね。全国は広いなと思わされました」

インターハイの借りを返すべく再び全国の舞台を目指した最強世代。しかし、冬の選手権県予選を勝ち抜くことはかなわなかった。準決勝、PK負け。迫田氏としても復調し、試合にも絡んでいただけにこの敗戦はこたえた。

「正直『このメンバーでも勝てないのか』と思いましたね。夏も大事ですけど、やっぱり高校サッカーは冬の注目度がダントツ。そのチャンスがあと1回になってしまったという危機感は相当なものでした。その後、3年生になってからは、インターハイに出場し、僕自身初めて全国大会で点を取ることができました。あの遠藤保仁《えんどうやすひと》選手（元・ガンバ大阪など）のいた鹿児島実業相手に、負けはしたものの一矢報いることができた。それから近畿大会を勝ち抜き、高円宮杯全日本ユース（U-18）サッカー選手権大会（現・高円宮杯U-18サッカーリーグ プレミアリーグ）にも出場することができました。このときは、橋本英郎《はしもとひでお》選手（元・ガンバ大阪など）や大黒将志《おおぐろまさし》選手（元・ガンバ大阪など）、二川孝広《ふたがわたかひろ》選手（元・ガンバ大阪など）のいるガンバ大阪ユースには勝ったものの、小野伸二選手のいる清水商業（当時／市立清水商業高校）には負けましたね」

全国レベルの大会でもまれ、たくましさを身につけていった滝川第二イレブンは、ついに冬の選手権でも県予選を勝ち抜き、3年ぶりに冬の選手権の出場切符を手にすることとなる。

「県予選決勝の相手は、播戸竜二選手（元・ガンバ大阪など）率いる琴丘《ことがおか》高校だったんですけど、前半で2点のビハインド。正直『もう終わった……』と思いましたね。決勝で2点差はもう絶望的でした。でも、前半のうちにカンジョ（朴康造《パク・カンジョ》選手／元・ヴィッセル神戸など）が1点返して、後半に同点、逆転と立て続けにゴール。3対2で優勝を勝ち取ることができました。僕自身ストライカーとしての役目はほとんど果たせませんでしたが、このときばかりはチームの勝利が一番でしたね。3年間目指し続けた目標を達成できた瞬間でした」

◉全国大会でゴールも、プロからのオファーは届かない

迫田氏はついにラストチャンスをものにした。

本大会では3回戦で、福井の丸岡高校に0対1で惜敗するも、2回戦では選手権初ゴールを含む2ゴールを決めるなど、結果も出した。しかし「選手権でアピールできたらオファーがあるかも……」とおぼろげながら思い描いていたプロの道は開かれなかった。

一方で、同学年ながらオファーを受けた選手もいる。その一人がゆくゆく日本代表にまで駆

け上がっていく加地亮《かじあきら》選手（元・セレッソ大阪など）だ。

「加地とは選手権の直前などにもよく1対1をやっていました。僕はスピードに乗ったドリブルからゴールに向かうのが得意だったんですけど、加地だけはどうしても抜けなかった。元々彼は2年生までBチームだったんですよ。僕たちがAチームの練習が終わって帰るときにも、コツコツ練習に取り組んでいる姿はよく見ていましたし、朝も自主的に走っていましたね。当時は正直『Bチームなのによくやるなー』と思いながら見ていました。それが最高学年になり、Aチームのレギュラーに定着するや、アンダー世代の日本代表候補に選ばれ、さらにはセレッソからも声がかかった。昔から知っているわれわれからしたら『えっ、あのBチームだった加地が……』という感じでしたね。でも、今思えば腐らず努力していたからこそ、3年になって一気に開花したのかなと。その後の活躍は皆さん知っての通りです」

前出の長島氏も同級生だった加地選手のことを次のように評する。

「加地は性格的に控えめだったのと、2年生までは成長が遅くて線が細かったんですよね。でも後から人並み以上の筋力がついてきたことで、元々の高い持久力が一層発揮され、才能が花開いたんだと思います。当時の迫田は押しも押されもせぬエースストライカーでしたけど、その彼が3年生後半以降全く抜けなくなったのは、そういう背景もあったと思いますよ」

加地選手や朴選手らがＪリーグ入りを果たす一方、正式なオファーのなかった迫田氏は、親の勧めもあり、進路を大学に絞っていく。

「『大学行くなら関東』というのは決めていましたが、具体的に行きたい大学があるわけではありませんでした。そんな中、１個上の先輩が通っていることや黒田和生先生（元・滝川第二高校サッカー部監督）からの勧めもあり、東海大学の門を叩くことになりました」

◉反骨精神で練習に向き合った４年間

高校生にとって、高校時代の先輩や恩師の勧めもあっては、なかなか首を横に振ることはできないものだ。表面では納得したものの、迫田氏には一つ気になることがあった。それは、当時の東海大学が、県リーグに所属しているということだった。

「当時、関東大学サッカーリーグは、１部と２部があったんですけど（現在は３部まである）、東海大学はその下の神奈川県リーグでした。加地やカンジョがＪリーグに行くのに、俺は県リーグからかと。でも、当時はちょっと膝を怪我している時期でもあったので、じっくり治してやっていくにはいい環境かなとも思い、決断しました」

冬の選手権前から膝の半月板を痛めていた迫田氏は、その後入学からわずか2カ月ほどで手術を受け、復帰は1年生も終わりに差し掛かったころだった。2年生からようやく本格的にトレーニングを再開し、スタメンを奪取。県リーグ優勝、関東大学サッカー大会（関東地区にある1都7県地域が対象で、関東大学サッカーリーグへの入れ替え校を決定するための大会）でも優勝、そして2部最下位との入れ替え戦にも勝利し、関東大学サッカーリーグ昇格を決めた。

「確か2年生の夏ごろだったと思うんですけど、ブラジル留学のチャンスがあったんですよ。2年生でAチームにいた僕を含む6人が対象でそのうち2名が行けるという。で、僕は手を挙げたんですけど、結局別のやつが行くことになって……。そのときに『じゃあ、残った俺らで絶対関東へ上げてやる』って思いましたね」と当時のモチベーションの源泉について語ってくれた迫田氏には、反骨精神という言葉がよく似合う。3年時には、関東大学サッカーリーグに参戦し、総理大臣杯全日本大学サッカートーナメントでは、見事全国優勝を果たした。

「全国大会前の関東大会でまた怪我をしてしまったんですよ。でも、どうしても全国に出場したくて、ゴッドハンドと呼ばれる九州の先生を訪ねてなんとか試合に出られる程度にまでは治してもらいました。ジョグでも痛みが出てくるほどの状態でしたが、なんとか隠しながらやっていましたね。スタメンには入りませんでしたが、初戦は途中出場で1得点。２回戦も勝ち、準決勝は当時最強ともうたわれていた筑波大学が相手でした。確かスタメン11人中10人くらいがその後Ｊリーグ入りしたんじゃなかったでしょうか。羽生直剛選手、千代反田《ちよたんだ》 充《みつる》選手（元・アビスパ福岡など）、平川忠亮《ひらかわただあき》選手（元・浦和レッズ）、石川竜也《いしかわたつや》選手（元・鹿島アントラーズなど）などそうそうたるメンバーで、去年まで県リーグだったうちが勝てるわけないと思っていました。でも、結果は２対０の勝利。累積警告で出場停止になった先輩に代わってＦＷで先発した僕が、全得点を挙げました。

特に2点目は、今でもはっきりと覚えています。ハーフウェイライン付近でボールをもらい、そのままターン。詰めてきた吉川京輔《よしかわきょうすけ》選手（元・北海道コンサドーレ札幌）をかわし、思い切って打った低弾道のシュートがゴールインしました。キャプテン翼に出てくる松山君（地を這うイーグルショットが武器）になった気分でしたね。法政大学との決勝戦でも、僕のゴールで1対０の勝利。全国レベルでも自分はそこそこやれるんだという手ごたえを感じることができた大会でした」

◉Jリーグ入り、いけるかも……

こうした活躍が関係者の目に留まり、迫田氏は関東大学選抜に選ばれ、デンソーカップチャレンジサッカーに出場。見事、優秀選手にも選ばれた。4年時には優秀選手30人のうちの一人として、全日本大学選抜の選考会にも呼ばれた。しかし、最終的にイタリア遠征することとなる22人の枠に入ることはできず、日本代表のユニフォームに袖を通すことはかなわなかった。

「あそこまで行ったら、やっぱり代表のユニフォームを着てみたかったですよね。まあ、周りはほとんど関東（関東大学サッカーリーグ）1部でやってるやつばかりだったんで、ようやく2部に上がった自分がなんで選ばれるんだろう……とは思っていましたけど。ただこのとき悔やまれるのは、自分の力を全然出し切れなかったことです。総理大臣杯のときのようなスピードを生かしたドリブルや思いきりのいいシュートが全然出せず、周囲をうかがってパスばかり選択していました。コーチからも『迫田らしくないな』と言われてしまい……。結果は仕方ないですけど、もっとこうやっておけば……という後悔だけはもうしたくないな、とそのとき思いましたね」

一方、進路選択も迫ってきていた。大学卒業後、どこでサッカーをするのか。関東大学選抜として試合に出場し、得点も挙げ、優秀選手にまで選ばれた経験は迫田氏を後押しした。もしかしたら今の実力ならＪリーグに行けるかもしれない。第一希望は地元チームのＪ１・ヴィッセル神戸だった。

「高校や大学の先生が、Ｊクラブのコーチと繋がりがあると有利だと聞いたことがありました。幸い自分の恩師にそういうパイプがあったのと、あとは僕が地元選手だったのでもしかしたら可能性あるかなと。先生方のご支援もあり、母校での教育実習のため地元に戻ってくるタイミングを見計らって、何回かヴィッセル神戸の練習に参加させていただくことになりました。大好きなカズ（三浦知良）選手と一緒にやりたいという気持ちも強かったですね。めちゃめちゃ憧れていましたから」

２回ほど練習に参加した時点で、迫田氏は当初の想定以上に手ごたえを感じていた。自身調子がよく、トレーニングマッチで得点も決めた。全日本大学選抜の選考会で経験したような後悔はもうしたくない。プロに混じっても気後れすることなくプレーできた。「Ｊリーグ入り、いけるかも……」転機はそんなタイミングでふいにやってきた。

社会人の関東サッカーリーグで上位の常連だったホンダルミノッソ狭山ＦＣからオファー

が来たのだ。選手は、本田技研工業（埼玉製作所狭山工場）の社員として一般社員と同じく働きながら、勤務後に練習を行っているという。Jリーグ入りを目指している迫田氏にとって、その時点では魅力的なオファーとは言えなかった。しかし、大学の監督の勧めもあり、練習に参加してみると、チームのレベルは想像以上に高く、聞けば、一つ上のカテゴリーであるJFL入りも視野に入れて活動しているという。

「『翌年にはJFLに上がれると思うのでぜひ！』ということで声をかけていただきました。JFLに入れれば、Jリーグも次のステージとして見えてくるし、勤務時間なども考慮され、もっとサッカーに集中できる環境になるとのことでした。ただ、社員としての採用になるから、枠の関係上すぐにでも返事が必要とのことで、大学の監督からも返事を催促されました。『俺の人生の岐路なのにすぐ返事だなんて……』と思いつつも、1日だけ待ってもらって、親や友人、黒田先生など、知り合い中に電話をかけまくりました。返事のうち、9割は『まだ確実なオファーを受けていないヴィッセルの練習に出続けるより、ホンダに行ったほうがいい』でしたね」

中でも、迫田氏の決断に大きな影響を与えたのが、親の存在だった。決して裕福とはいえない環境の中、高校、大学と私立の学校に通わせてくれ、思う存分サッカーをさせてくれた親からの「大手企業がお前を欲しがってくれている。こんないい話はないんじゃないか」という言葉は、迷いを抱えた迫田青年の心にズシンと響いた。

「ヴィッセルの結果が出た後だったら、迷うことなくホンダを選んでいたでしょうね。でもまだ結果は出ていない状況だったし、自分自身、悔しさを乗り越えて培ってきた反骨精神でようやくたどり着いたＪリーグ入りのチャンスで、なんとか自分を出し切りたかった。最終的には、自分からヴィッセルのほうに、今後の練習不参加のお断りを入れたんですけど、正直その後もすごく悔いは残りましたね」

◉人生に巻き戻しスイッチはない

人生とはかくも思い通りにいかないものか、と嘆かずにはいられない。せめてあと１カ月でもタイミングがずれていれば、迫田氏の人生は変わっていただろう。夢は手を伸ばせばつかめるところにまではっきりと見えていたし、たとえ「不合格」という結果だったとしても、自分を出し切ったという満足感とともにネクストステージに踏み出せたはずだ。迫田氏の社会人生活はこうして始まった。

結局、その後ホンダルミノッソ狭山ＦＣで6年ほど現役を続けるも、ＪＦＬには上がれなかった。仕事は一般社員同様、フルタイムで工場に勤務し、夜に練習、土日に試合と体を酷使した。入社数年ほどは、ＪＦＬを足掛かりにもう一度Ｊリーグ入りのチャンスをうかがっていたが、徐々に遠のく目標に、だんだんとプレーの精度も落ちていった。

「テレビでＪリーグ中継とか見ていると、一緒にやっていた選手たちがキャーキャー言われているわけじゃないですか。俺もやっぱりあのとき目指せばよかったたって何度も思いましたよ。スッゲー悔しいなって」

しかし、人生に巻き戻しスイッチはない。28歳で現役引退。Ｊリーグは迫田氏にとって近く、そして遠かった。現役を引退してから約10年間、迫田氏はボランティアで少年たちの指導を行う以外、ほとんどボールを蹴らなかった。引退後に結婚し、子どもが2年おきくらいに生まれたこともあり、家族との時間が最優先だった。

「ボランティアで指導に出かけようにも、幼い子どもたちと奥さんを置いていかないといけない。それに加え、自分もプレーを……とは到底言えませんでしたし、正直その気持ちも湧いてこなかったですね」

そんな迫田氏にルミノッソ時代の先輩から声がかかった。

「『迫ちん、ちょっとウチの試合来てよ』って、気軽に誘われたんですよね。長男はそのとき小学2年生になっていて『まあ、ちょっとだけなら……』という気持ちで参加しました。でも、長年のブランクがたたって肉離ればかりしちゃって。それでやめればいいんですけど、徐々にかつての反骨精神が湧き出てきちゃったんですよね。『ブランク10年あるし、もう40になるけどまだまだやるぜ』みたいな。実際、今は40歳以上のシニアサッカーをやっているんですけど、みんな本当にガチでやっているんですよ。『この年でまだこんなに熱くなれるんだな……』と感化される自分がいましたね」

◉サッカーと人脈こそが自身の財産

迫田氏は今、シニアサッカーで全国大会を目指している、しかも本気で。小学生から出場を追い求め、高校、大学で目標を実現させた。大学では日本一にまでなっている。それでもまだ全国大会に出るつもりなのだ。そんな迫田氏にJリーグを目指す少年たちへのメッセージをお願いした。

「自分は現役を引退するまで、本当にサッカー『だけ』という生き方をしていました。趣味は？『サッカーです』、特技は？　『サッカーです』とサッカー一色の生活でした。もちろん、そのくらい打ち込めるものがあったことは幸せだった一方、いざサッカーがなくなった瞬間、何も持っていない自分に気付かされました。だからこそ、皆さんには、できるだけサッカー以外にも興味の幅を広げてみては、というアドバイスを送りたいです。

あっ、でも一つだけサッカー以外のものを当時からもっていました。それは人脈です。小さいころからサッカーをしてきたことで、同期やライバル、先輩、後輩、恩師、監督、コーチなど本当にたくさんの方に支えてもらってきました。現役時代には気付けなかったんですけど、引退してからはしみじみと実感していますね。全国各地に友人がいて、地元に帰れば待っててくれる仲間がいる。困っているときは恩師や当時の監督たちが相談に乗ってくれる。今、シニアサッカーで新たな目標を持って取り組めているのも先輩のおかげですから。こんな有り難い人生はありませんよ。

あとは、やはり親でしょうかね。大学卒業まで自由にサッカーをやらせてくれましたが、本当は金銭的に厳しい時期もあったと思うんです。でも『大学までは行っておきなさい』と快く送り出してくれた。日本一になった総理大臣杯は近畿圏で行われていたんですけど、実はそのとき、親に自分の活躍している姿を見せたい、という気持ちでプレーしていたんですよね。実際に点を取って勝つことができたのも親の存在あってだと思っています。皆さんも、プロになろうと他の道に行こうと、好きなサッカーをやらせてくれている親への感謝の気持ちだけは忘れずに持ち続けてほしいですね」

最後に、もう一度だけ、ヴィッセル神戸への想いについて、意地悪ながら質問を投げかけてみた。

「それはもう多分一生消えることはありません。今でも『もしあのとき最後までチャレンジしていたら……』と思うことはあります。でも、あれから20年以上が経ち、僕は僕なりにその後の人生、悔いのないように生きてきました。こうして本田技研という会社に勤め続けられて、子ども４人と奥さんとで何不自由なく暮らせているのは、間違いなくあのときの判断のおかげですし、アドバイスをくれた親や周囲の方のおかげです。実はいつか選手たちのセカンドキャリアを支援するような活動ができないかなと考えているんです。自分は恵まれていましたが、次のキャリアで苦労している選手も多いですし、自分の経験を役立てられたらなと。仮にプロになれていたらこういうことは考えなかったと思うので、良かったのかもしれませんね」

シニアサッカーでの全国大会出場とセカンドキャリア支援。迫田氏の反骨精神はまだまだ尽きることはなさそうだ。

第6章

Jリーガーの夢は諦めたとしても、自分の人生は諦めない

・名前：菊地匡亮
・生年月日：1997年1月15日
・出身県：栃木県（那須塩原市）
・身長 / 体重（現役時）：181㎝ / 72kg
・利き足：右
・主なポジション：FW、MF（サイドハーフ）
・好きな選手：ベイル
・ライバル：渡邊凌磨、坂元達裕、青柳燎汰、関戸裕希
・サッカー歴：
2003-2009 東那須野FCフェニックス
2009-2012 エルマーノ那須〜東那須野中学校
2012-2015 前橋育英高校
2015-2016 駒澤大学

「怪我に泣いた前橋育英最強世代の背番号『7』」
菊地匡亮《きくちきょうすけ》氏（1997年生まれ）

【現職】株式会社 Eifer 取締役
　　　　株式会社115代表取締役

・前橋育英高校時代、後にベンチ入りメンバーの半数がJリーガーになるほどの高いレベルでもまれる。
・3年時は中心選手の一人にまで成長するも、その後次々と襲い掛かってくるアクシデント。
・Jリーグ入りを目指して大学進学した後も、モチベーションはなかなか上がらず。

2021年シーズン。2014年度の全国高校サッカー選手権大会に出場したとあるチームの所属部員のうち計7名がJ1の舞台でしのぎを削った。J2、J3にまで範囲を広げればその人数は10名を下らない。

前橋育英高校。読者の中でその名を知らない方は恐らくいないだろう。『上州のタイガー軍団』と呼ばれ、第96回大会では選手権初優勝を飾るなど、全国の強豪として名を連ねている。また、Jリーガーも数多く輩出し、中には山口素弘《やまぐちもとひろ》選手（元・横浜フリューゲルスなど）、松田直樹《まつだなおき》選手（元・横浜F・マリノスなど）、細貝萌《ほそがいはじめ》選手（現・ザスパ群馬）といった日本代表にまで上り詰めた選手もいる。

2014年度の前橋育英高校において、背番号7を背負い、最強世代の呼び声も高いメンバーの中心として活躍するはずだった選手、それが菊地匡亮氏である。菊地氏とは、筆者の元勤務先の先輩のつてをたどり、会うことになった。仲介役となってもらったのは、シンガーソングライターのさだまさし氏の甥っ子である佐田有希《さだゆうき》氏である。

まだ20代後半、かつ、同世代の多くが現役でプレーしているにもかかわらず、このインタビューを受けてくれた菊地氏の今の気持ちはどのようなものなのか。筆者はその日を心待ちにしていた。

◉11人そろわず、試合出場すらままならない

「リョーマ（渡邊凌磨《わたなべりょうま》選手／現・浦和レッズ）やトクマ（鈴木徳真《すずきとくま》選手／現・ガンバ大阪）、

タツ（坂元達裕《さかもとたつひろ》選手／現・コヴェントリー・シティ）、ヨシオ（小泉佳穂《こいずみよしお》選手／現・浦和レッズ）たちのことは、本当にリスペクトしています」と力強く告白してくれた菊地氏。彼は、2つ上の兄の影響を受け、小学2年生のときに東那須野FCフェニックス（元・東那須野SSS）でサッカーを始めた。

フォワード、サイドバック、センターバックと、どこでもマルチにこなす菊地氏は、小学4年生から栃木県選抜にも選ばれ続け、そこで前橋育英でも同期となる鈴木徳真選手、また、中学から柏レイソルの下部組織に入団することになる手塚康平《てづかこうへい》選手（現・柏レイソル）らと一緒にプレーした。

小学生時代は、県選抜の活動もあり充実していたが、菊地氏が「最初の挫折でしたね」とこぼすように中学生時代は少々苦労した。中学の最初は兄や佐田氏も通っていたFCエルマーノ那須に所属した。しかし、自身の代は菊地氏だけ。1個上の代も一人しかメンバーがおらず、兄の代が引退すると、試合すらできなくなってしまう。

結局、中学1年生の途中で学校のサッカー部に移ることとなり、そこで3年の夏までプレー。下の世代や部活の同級生と一緒に、FCエルマーノ那須で最後の大会こそ出場したものの、目立った成績を上げることはできなかった。

「栃木の中でも強豪チームは南のほうに集中していて、僕のような北側の人間は、高いレベルでサッカーをする環境が限られていました。唯一良かったことと言っていいのは、中体連の選抜チームに選ばれ、Ｊリーグの下部組織であるレッズやマリノスのジュニアユースと試合をさせてもらったことくらいですかね」

挫折というほどの経験には思えないエピソードも、菊地氏の当時のポテンシャルを知れば十分うなずける。前出の佐田氏は当時の菊地氏をこう評する。

「どちらかというと目立たないタイプの選手でしたが、サッカーＩＱが高くて、いないと試合が回らなくなる。彼がいるだけでボールが勝手に動いていきましたね。２学年下でしたが、監督としても絶対に外せない選手だったと思います。みんなが求めているところにボールを供給したり、運んだりすることができるし、ユーティリティプレーヤーで全てにおいてクオリティが高かった記憶がありますね」

菊地氏は進路について、強い想いを抱き続けていた。

「前橋育英に通っていた兄が高１のとき、３年生に小島秀仁《こじましゅうと》選手（現・Ｙ．Ｓ．Ｃ．Ｃ．横浜）がいて、とても憧れていたんですよね。あの柴崎岳選手と肩を並べるほどの選手で、選手権でも優秀選手に選ばれていました。それを見て『行くなら育英しかない』と思っていましたね。だからこそ中3のときにその育英から特待生として声がかかったときは、素直にうれしかったです」

中学時代の実績としては、中体連の選抜チームに選ばれていたことくらいだが、そのときのプレーが関係者の目に留まった。わずかなプレーで自分を認めさせるだけのポテンシャルを菊地氏は存分に秘めていたのだ。しかも、中3当時の菊地氏は決して身体能力の高い選手ではなかった。50m走も7秒台で、背も高いほうではない。それでも、身体能力を補って余りあるサッカーセンスを持っていたわけである。こうして相思相愛で始まった前橋育英高校での3年間だったが、その道のりは順風満帆どころか、逆風の連続だった……。

◉サイドハーフにコンバートされ、無双状態に

「最初は1年生の中でのAチームに選ばれたんですけど、あまりに周囲とレベルが違って、すぐにBチームに落とされてしまいました。同学年には、Jリーグの下部組織から来たやつも多くて、ほぼ中体連でしかやっていなかった自分とは、サッカーを理解する力に大きな差がありました。『こんなところで3年間やっていけるのか……』と本気で落ち込みましたね。といっ

ても、特待生として入学でき、親元を離れて寮にも入ったのに、おめおめと那須に帰るわけにはいかない。必死に食らいつく毎日でした。幸い、２個上に兄がいたので、精神的に救われていた部分はありましたね」

のちに何人もがＪリーガーになる、ハイレベルな同期たちの中で菊地氏は踏ん張った。

その踏ん張りに対するご褒美かのように、すでに持ち合わせていたサッカースキルや持久力に加え、高１の後半から身体能力が飛躍的に伸びた。７秒を切れなかった50ｍ走は６・３秒にまで縮まり（高３時は５・８秒）、身長もぐんと伸びた（高３時は１８１㎝）。

こうした身体能力を生かすべく、菊地氏はボランチからサイドハーフにコンバートされた。すると、高校２年時には全体のＢチームへ昇格し、高校２年の後半には全体のＡチームにも呼ばれるようになる。

「自分で言うのもおこがましいのですが、サイドハーフになってからは無双状態でした。Ａチーム入りは高２では僕含めて５人だけだったんですけど、僕以外は全員Ｊリーガーになっています。そういうやつらと普通にやれていましたし、このころからプロは憧れるものではなく、本気でなるものになっていきましたね」

前橋育英に進学する選手は、軒並みプロへの意識が高い。トップチームで試合に絡んでいる選手はもちろん、そうでない選手も将来Jリーガーになるという目標意識をもって練習に取り組んでいる。

「ダイハチ（岡村大八《おかむらだいはち》選手／現・北海道コンサドーレ札幌）なんて、うちらの代の選手権でベンチにすら入っていなかったんですから。それでもコツコツと努力を積み重ねて、Jリーグ入りを実現させている。そういう場所なんですよ、育英は」と菊地氏は自分のことのように誇らしげだ。実際、2時間程度のチーム練習の後やオフの日も、ほとんどの選手は自主トレで己の技を磨き続けるのだという。もちろん、当時の菊地氏も例外ではなかった。

結局、1つ上の代は準決勝で桐生第一高校に敗れ、選手権本大会の切符を手にすることはできなかった。菊地氏自身もAチームメンバーとして練習試合ではたびたび結果を出すも、公式戦出場はかなわなかった。

「公式戦前の練習試合で3ゴール2アシストしたこともあったんです。しかも、相手は國學院久我山とかですよ。それでも公式戦には使ってもらえない。『なんのための練習試合だったんだ……』と当時は一人嘆いていましたね」と漏らす菊地氏だが、2年時の地道な結果の積み重ねが一年後の自身を窮地から救うこととなる。

◉充実の1年のはずが、次々と襲い掛かってくるアクシデント

3年生がチームを去り、いよいよ最終学年を迎えた。最上級生となった菊地氏は、2年時からAチーム入りしていた実績からも、チームの中心選手としての自覚はすでに十分だった。

「自分を過大評価しているかもしれませんが、あのころ、1トップだった僕は間違いなく中心選手の一人でした。攻撃の組み立て一つとっても『まず菊地に当ててから……』という共通認識がなされていましたしね。プリンスリーグやインターハイ、選手権で活躍し、その先のJリーガーという道筋がはっきりと見えていました」

しかし、充実した1年を期する菊地氏を、次々とアクシデントが襲った。まず、新チーム発足直後、新人戦を前にした練習試合で足首を負傷。約1カ月半を棒に振った。その後、春に開

幕したプリンスリーグで、三笘薫《みとまかおる》選手（現・ブライトン）や板倉滉《いたくらこう》選手（現・ボルシアMG）擁する川崎フロンターレU－18との試合で膝に怪我を負い、途中交代を余儀なくされた。その後の試合では、テーピングなどで固めながら出場するも、不安を抱えながらのプレーに終始した。

「山田耕介先生（現・前橋育英高校サッカー部監督）には『インターハイで使いたいから、プリンスは出なくてもいいぞ』とも言われていたんですけど、やはり試合に出ていないといつか本当に出られなくなってしまうのでは、という不安が募ってきてしまうんですよね。何せ全員がプロを目指しているような集団ですから。今でこそ言いますけど、だましだましやっていましたね。それでもインターハイまではなんとかできていたんです。予選もほとんど先発で出ていましたし。状況が大きく変わったのは、インターハイ本大会の2回戦、柳ヶ浦高校戦で、左鎖骨を骨折してしまったことでした」

先発したその試合の前半で、菊地氏は負傷退場。しかも今回は手術も必要となる大きな怪我だった。

「自然治癒を待っていたら完治まで4カ月かかると言われました。それからボールを蹴り始めたらとてもじゃないけど、選手権には間に合わない。なので、ボルトとかプレートとかを入れる手術をすることにしたんです。これなら2カ月でサッカーができるようになると言われて。それでも高3の選手権予選前の2カ月ですからね。鎖骨もですが、精神的にも相当痛かったです……」

プリンスリーグも出場し、インターハイにも負傷退場するまでは出ることができた。しかし、高体連所属の選手たちにとって、冬の選手権はそれらとはまた異なる重みをもつ大会だ。3年間の締めくくりでもあり、負けた瞬間、メンバーたちと一緒に戦う最後の試合となってしまう。

「インターハイは結局準決勝で大津高校に負けてしまったんですけど、仲間たちからは『キョウスケが出られていたら絶対勝てたよ』と言ってもらえました。これが復帰へのモチベーションになりましたね。選手権ではみんなの力になるんだ、と」

しかし、2カ月で復帰した菊地氏にまたも怪我が襲い掛かる。

「今度は左手首でした。今でもその瞬間のことは鮮明に覚えています。復帰後の練習試合で、サイドからトップスピードに乗ってドリブルしていたんですけど、相手に当たられて左肩から倒れそうになったんです。主治医の先生からも『できるだけ左肩への強い衝撃は避けるように』と言われていたので、咄嗟にかばったら、今度は手首をやっちゃいました」

左手首骨折。再び、ボルトとプレートを入れる手術である。こうして菊地氏の選手権予選出場は絶望的となった。退院し、ボールこそ少しずつ蹴れるようになっても、上半身が使えないため、対人プレーはできない。チームは見事選手権予選を勝ち抜いたが、そのピッチに自分がいないことに複雑な思いを抱いていた。

「新チームでは中心選手の一人だったはずなのに、怪我が理由とはいえ、どんどん中心から外れていくわけですよ。その間、他のメンバーは活躍していく。まあ、負けたら終わりなんで勝ち進んでくれること自体うれしいのは間違いないんですけど、正直いちプレーヤーとしては割り切れない想いもありましたね」

そうした葛藤を菊地氏はどのように押し殺していたのだろうか。

「育英って、マネージャーという役割の人がいないんですよ。なので、怪我して練習できない人とかが、できる範囲で練習試合の準備をしたり、水分補給用のボトルを作ったりしてサポートするんです。だから基本的に入院時以外はグラウンドに行かなくちゃいけない。そりゃ、めちゃくちゃ焦りますよ。自分はどんどん実戦から遠ざかっている中、周りはガツガツやっているわけですからね。でも、できないものは仕方がない。焦っても早く治るわけじゃないんで。なので、その当時は自分にできることに集中していましたね。酸素カプセルがいいと聞けば取り組んでみるなど、できるだけ悪いことは考えないようにしていました」

◉怪我明けながら、本大会メンバーに抜擢

選手権本大会を前になんとか復帰の目途は立った。しかし、実践からはほぼ4カ月遠ざかっている。しかも、左鎖骨、左手首を骨折した恐怖心から、いつの間にか左サイドからのドリブルを避けるようになっていた。

「相手が右から寄せてきて倒されるのが怖くて怖くて。せっかく本大会には間に合ったわけなので、メンバー入りしたいし、入れたら出たい気持ちはあるんですけど、こんな弱気じゃ駄目だよな、と。しかも、これはすごく恥ずかしい話なんですけど、11人で敵なしで攻める練習があるんですけど、敵がいないのに最後にシュートを打つのが怖いんですよ。誰も寄せてこないのにですよ。怪我によってそれまで積み上げてきた自信を完全に失い、いわゆるイップスのような状態になっていましたね」

自分が中心選手の一人だと言い切る男が、数か月後、マークのいない状況でのシュートすら怖くて打てなくなる。怪我という事象のもつ真の恐ろしさを突き付けられるようなエピソードである。

「正直ホッとしました。復帰して1~2週間でまだ試合に出られるような状況でもありませんでしたから。山田先生が自分を信頼してくれていたことがヒシヒシと伝わってきました」とは、選手権本大会のメンバー入りを知ったときの感想だ。メンバー発表は、Aチームのメンバーが集められ、読み上げられる。ブランクのある菊地氏としては、メンバー外も覚悟の上だった。しかし、監督である山田氏は、大切な1枠を、菊地氏のために空けて待っていたのだ。

「入学した時から山田先生に最後までついていこうと決めていました。先生は、教務もあり忙しいはずなのに、朝から夜までできるだけ全カテゴリーの選手を見ようとしてくれる。だから、下のカテゴリーから一気にAチームに呼ばれる選手もいる。これで燃えない選手はいないですよね。僕に対しても、怪我をしているときやリハビリ中にチームの仕事をしていたり、高2のとき公式戦に出られなくても、腐らずに練習試合で結果を出していたりしていたことを認めてくださったんだと思っています」

こうして迎えた第93回全国高校サッカー選手権大会で、前橋育英は準優勝を果たす。菊地氏は、準々決勝、準決勝の2試合に途中出場し、チームに貢献した。

「自分は全然ダメでしたね。準決勝は0対1で負けているところでの出場で、パワープレー要員として出場したのに、競り合いに全然勝てなかった。リョーマからは『お前、何のために入ってきたんだよ』と言われる始末。埼玉スタジアムのあの雰囲気で最後勝利をつかめたのは夢心地でしたが、自身のプレーには全く満足感はありません」

菊地氏の高校生活は、ほろ苦い経験とともに終わった。

◉大学進学するも、モチベーションは低空飛行

進路については、大学進学が決まっていた。高３の早い段階でＪ２のザスパクサツ群馬（当時）からのオファーも届いていたが「いずれＪリーグ入りするとしても、大学は経由したほうがいい」という山田氏の勧めも決め手となった。

「実際、今Ｊ１で活躍している同期もほとんど大学経由ですからね。リョーマは早稲田、トクマは筑波、タツは東洋、ヨシオは青学、ダイハチは立正に行きました。僕の場合は、身体能力が高いという理由もあり、駒澤さんにお世話になることになりました」

同期には、中原輝《なかはらひかる》選手（現・サガン鳥栖）、安藤翼《あんどうつばさ》選手（現・松本山雅ＦＣ）らがいたが、菊地氏は1年目からつまずいてしまう。

「卒業後のプロ入りを目指して入部しましたが、４カ月後に肩と手首に入っているプレートとボルトを抜くことが決まっていたので、入学早々にもかかわらずモチベーションは上がりませ

んでした。正直、手を抜いていた部分もあったと思います。術後も骨に穴が開いている状態で、対人プレーは控えるよう主治医から指示を受けていました。結局、完全に復帰できたのは、年も変わるころだったと記憶しています」

環境の変化にも戸惑った。高校時代の各自の主体性を重んじる環境から、部内の規律を重んじる環境へ。パスをつなぐサッカーからロングボール主体のサッカーへ。もちろん、チームスポーツである以上、ある程度チームの決まりごとを守ることは不可欠だが、菊地氏としては受け入れがたい部分が少なくなかった。

「正直チームでは浮いていましたね。高校時代は当然のように行っていたプレーに対して『やっちゃダメだ』と言われても『いやいや、プロになるためには必要なんで……』と主張を曲げませんでした。だからなのか、いくら練習試合とかで結果を出してもトップチームには上がれませんでした。『自分はレギュラー組に絶対負けていない』と思っていても使ってもらえなければどうしようもないですよね。だんだんとその環境に対して心が折れていきました」

◉度重なる怪我に、己の限界を感じ始める

そして大学2年時、サッカー部を退部。しかしプロになる目標は諦めきれず、大学を休学し、

当時海外に渡っていた渡邊選手に代理人を紹介してもらい、ドイツやオーストリアでプロの道を模索する。練習参加をきっかけになんとか状況打開を図る菊地氏を、今度は鼠径部痛症候群（グロインペイン症候群）が襲う。発症の要因は次のとおりだ。

足首の捻挫、下肢の打撲や肉離れ、腰痛などの何らかの原因で可動性、安定性、協調性に問題が生じたまま、無理をしてプレーを続けると、体幹から股関節周辺の機能障害が生じやすくなります。また、片足で立ってキックを多くするサッカーの動作そのものが発症の誘因になります。

【出典】日本スポーツ整形外科学会（ＪＳＯＡ）「スポーツ損傷シリーズ　11．鼠径部痛症候群（グロインペイン症候群）」

これまで再三にわたって怪我を繰り返し、完治を迎えることなく、プレーをし続けてきた菊地氏の体は、このときついに限界を迎えた。

「大学のサッカー部をやめて海外に行ったのに、そこでもまた怪我。手術で管を入れることになり、またリハビリをしても復帰に1年はかかると言われました。体もですが、気持ち的にも限界でしたね。海外はおろか、たとえ日本に戻ってもう一度Jリーグを目指そうと思っても、どう自己評価を高く見積もってもＪ１にはたどり着けないと感じました」

プロ選手は常に上を目指し続ける存在である。Ｊ３の選手はＪ２へ、Ｊ２の選手はＪ１を目指す。チームとしての昇格がかなわなくても、個人昇格を果たす例はいくらでもある。明日をも保証されていない状況の中で、己の能力だけを頼りに評価を勝ち得なければならない彼らにとって、現状維持すなわち後退を意味する。前橋育英時代、将来のプロ入りを目指して高いレベルのメンバーたちと貪欲に練習に取り組んできた菊地氏にとって、己の限界を感じてしまった以上、もはやJリーグ入りを目指す資格を失ったと感じたとしても決して不思議ではない。

「自信を失ったこともそうですけど、やっぱり怪我をし続けてしまうと、万一プロになっても結局また怪我をしてしまうのではないかって考えるようになっちゃうんですよね。しかも自分の場合、サッカー選手のキャリアとして重要局面である17歳から20歳までずっと大きな怪我が付きまとってきたんで……。だから『諦めよう』って思ったときも実は思ったほど悔しさはありませんでした」

日本に戻り、休学していた大学を中退した。サッカーがない大学に残る意義を感じられなかった。その後は、次の目標を見出すべく、自己研鑽の末、金融や不動産の知識やノウハウを習得。今では2つの会社を経営する実業家として忙しい日々を送っている。

「そのうちの一つは、YouTubeコンテンツといった動画制作を請け負う会社です。実はリョーマと一緒に仕事をしています。コロナ禍のとき、時間もあったんで、リョーマのいる山形に数カ月ほど居候させてもらっていたんです。そのとき、いろいろ『こんなことできたらいいね』みたいなことを話しまくって『だったら2人でやっちゃおうか』と。リョーマのYouTubeチャンネル『RyomaCH』もそうやって始まりました。

また、かつてYouTuberで結成されたチーム『WINNER'S』のメンバーでもあった、人気YouTuber『かけまるチャンネル』の『かける』にも役員として入ってもらい、動画制作のみならず、さまざまな事業を展開しています。

あと、これはリョーマが代表なんですけど、埼玉県行田市で『Ritter United』という県内では最大規模のサッカースクールとジュニアユースを２０２３年に立ち上げ、その運営にも携わっています。やはりビジネスをしていても、自然とサッカーに関わることが多くなっていきますね」

◉諦めさえしなければ、突破口は開けてくる

『RyomaCH』には、当時のメンバーである坂元達裕選手や小泉佳穂選手も度々登場している。目標を達成した同期たちがうらやましくなったりすることはないのだろうか。

「最初にも言いましたけど、自分が実現できなかった目標を達成している彼らを心からリスペクトしているんで、うらやましいとかはないですね。正直、ヨシオやタツは、高校時代絶対的な存在ではなかったし、大学卒業後も苦労してＪリーグ入りした選手です。ヨシオは絶対ダメだろうと言われる中、当時Ｊ２昇格直後のＦＣ琉球に練習参加をきっかけになんとか加入し、そこから這い上がっていった。タツにしても、本来は前線の選手なのに、空いているポジションがそこしかないということで、サイドバックとしてモンテディオ山形の練習会に参加して、契約を勝ち取っている。みんな諦めずにやり続けた結果としてあそこにたどり着いているんで、素直に誇らしい気持ちでいますし、日々刺激をもらっていますね」

とはいえ、怪我さえなければ、自分もあの舞台に立っていたのではないか。

「たられば、はないですけど、強いてあげれば最初の鎖骨骨折がターニングポイントでしたよね。あれさえなければどうなっていただろうと思うことはあります。さっき『うらやましさはない』と言いましたけど、実は一回だけどうしようもなく悔しくなったときがあったのを今思い出しました。大学卒業のタイミングでみんながこぞってJリーグ入りしたときです。あのときばかりは『俺も諦めずにやっていればもしかして……』と思わされました。ストレスで入院するほど追い込まれましたね」

最後に今怪我などで夢や目標を失いかけている選手へのメッセージをお願いした。

「自分は一度諦めてしまった側の人間ですけど、もし本当に夢をつかみたいなら、怪我だろうが何だろうが最後まで頑張ったほうがいいと思うんです。ヨシオやタツを見ていると、諦めずに努力し続けることの大切さが身に染みて分かります。でも僕自身も、もうあんな悔しい思いはしたくないという気持ちで、今は会社経営を頑張っています。経営もサッカーと一緒で諦めさえしなければきっと突破口が開けてくると思うんですよね。育英の同期たちに負けないよう、あいつらに刺激をもらいながら、僕もJリーガーになれなかったからこそ出会えたこの人生を生きていくつもりです。皆さんも、今つらい状況かもしれませんが、たとえJリーガーの夢は諦めることになったとしても、自分の人生は諦めないでほしいです。それが、一度は諦めてしまった僕から最も伝えたいメッセージですね」

同期の成功と自身の現状を比べることもあった。時に入院するほど追い込まれたこともあった。一方で、今の菊地氏を支えているのは紛れもなく、同期、そして恩師の存在だ。今も年に一回は、恩師・山田耕介氏を同期で囲み、お酒を酌み交わすのだそうだ。『彼らと出会えた前橋育英っていう環境は、自分にとって素晴らしすぎたんで……』2時間のオンラインインタビュー中、何度このフレーズを聞いたか分からない。高校の部活を早々にリタイヤした筆者には、母校と仲間をここまで誇れる菊地氏がJリーガー以上にまぶしく映った。

第7章

サッカーに魂を注いで本気で向き合うことで人生が豊かになった

・名前：萩生田真也
・生年月日：1980年8月13日
・出身県：神奈川県
・身長 / 体重（現役時）：183cm / 77kg
・利き足：右、頭
・主なポジション：DF（CB）
・好きな選手：秋田豊、中澤佑二、
　ファビオ・カンナバーロ
・ライバル：対峙するFW全員
・サッカー歴：
1985-1986 セキドサッカークラブ(幼稚園時)
1987-1992 田名SC
1993-1996 相模原市立大沢中学校
1996-1999 神奈川県立弥栄西高校
1999-2003 仙台大学
2003-2004 ジヤトコ
2004-2005 佐川印刷SC
2005-2006 栃木SC
2007-2009 三菱水島FC

「熱き炎の爆撃機と呼ばれたヘディングマシーン」
萩生田真也《はぎうだしんや》氏（1980年生まれ）

【現職】神奈川県立新城高等学校 保健体育科教諭 兼 サッカー部監督

・弥栄西高校3年時にはチームの中心へと成長するも、選手権予選はベスト16で敗退。
・仙台大学1年時からレギュラーの座をつかみ活躍。大学4年時はJリーグ入りを目指し、最終的にはJFL・ジヤトコへ加入。
・数年おきにJFLのチームを渡り歩き、30歳を目前にして、ユニフォームを脱ぐ。

本書は、Jリーグ入りを目指していたがかなわなかった選手たちにスポットライトを当てている。しかし「Jリーグ入りがかなわなかった＝プロになれなかった」では決してない。Jリーグの下のアマチュアカテゴリーに当たるJFLや地域リーグにおいても、サッカーで「飯を食っている」選手たちが存在する。萩生田真也氏もその一人だった。

萩生田氏はＪＦＬにおいて実に4チームを渡り歩き、計7シーズンで１０８試合出場。プロ契約経験もある。Ｊリーグ入りのチャンスも何度か訪れた。反面、チーム事情のためサッカーでの報酬がまったくない環境に身を置いたこともある。「毎試合が就職活動だった」と語る萩生田氏の軌跡を追った。

◉選抜などともほぼ無縁だった小中時代

「保健体育科の教諭、サッカー部の監督ということもあり、人を育てるという過程においては厳しいことを生徒に要求することもあります。自分に甘く、適当な生活を送っている人間に何か言われても説得力がありませんよね。私は毎日早朝からトレーニングを行っています。心も体も決して楽ではありませんが、生徒の模範となれるよう、また、妥協したくないという一心でばかみたいにやっています。朝のトレーニングは己の心や身体と向き合う大切な時間ですし、自分を律する姿勢を忘れず妥協せずにやり続けることを己が実践していないと、選手たちに伝える言葉の重みがなくなるという考えがあるため、日々のトレーニングを含め生活の管理を怠らないように意識しています」

インタビュー冒頭、筆者が萩生田氏の所属する横浜シニアの試合を YouTube で見たことを伝えるとそう教えてくれた。40代以上のメンバーの中で、現役選手と見間違えるほど身体が引き締まっている選手、それが萩生田氏であった。現役時、身長183㎝、体重77㎏だった体型は、体脂肪率も含め今もほぼ変わらぬ数値を維持しているという。

「高校2年生のときにMFからセンターバックにコンバートされるまでは、身長こそ180㎝を超えていましたが、ひょろひょろした選手でした。サッカーは幼稚園から始め、小学校では地元の少年団、中学では部活動で続けましたが、特筆するような実績は何もありませんでしたし、選抜などとともほぼ無縁。転機は弥栄西高校に進んだことでしたね」

進路を決めかねているとき、4つ違いの兄から「あそこには良い先生がいるから、行ってみたらどうだ」と勧められたのだ。前出の深江氏も再三挙げていた大野真先生の存在は、神奈川県内、特に地元相模原では広く知れ渡っていた。

「小学生のころから、全国高校サッカー選手権大会に出場するのが夢でした。当時はまだJリーグも開幕していなかったですし、高校サッカー人気がダントツでした。小さいころの夢をかなえるため、弥栄西高校で挑戦する道を選びました」

その熱意と練習に取り組む姿勢が評価され、萩生田氏は1年のころからAチーム帯同を許される数少ない一人となった。

「確か1年の中でも5人くらいでしたね。これは自信になりました。しかもその時の3年生が選手権大会の県大会決勝まで勝ち進みました。最後は、中村俊輔選手のいた桐光学園にＰＫ戦で負けてしまいましたが、スタンドから『すげー、大野先生を信じて練習すればここまでやれるんだ』と感動しながら見ていましたね」

3年生が引退し、2年生となった萩生田氏のモチベーションは俄然高まった。

「1年生のうちからＡチームに帯同させてもらっていましたからね。当然、次こそベンチに入って、スタメンを狙って……と気持ちは前のめりになっていました。そんな矢先に、先生から提案されたのが、センターバックへのコンバートでした。『明日までに返事をくれ』と。もちろん、先生の手腕を信じていたので『Ｎｏ』の選択肢はありませんでしたが、それにしても『なんで攻撃的な選手である俺がセンターバックを』『やったことないし、意味わからない！』と心の中では思っていましたね」

こうして2年時はセンターバックとしての土台を築く1年間となった。当然、急造で試合に出られるほど弥栄西のサッカーは甘くない。この時期、萩生田氏はＡチームの試合にまったくと言っていいほど絡むことができなかった。

「今振り返れば、先生が将来を見据えてコンバートを提案してくれたことが理解できます。テクニカルなプレーが得意なわけではない自分が攻撃的選手としてさらに上のレベルでやっていけば、どこかで限界を迎えていたでしょうから。とはいえ、1年生のときにAチームに帯同していたプライドはズタズタになりましたよね。自分が全然呼ばれなくなっただけでなく『えっ、オマエが⁉』という選手がどんどんAチームに呼ばれていくわけですから。

本当の意味で覚悟が決まったのは、コンバートして半年くらい経ってからですかね。それからは、食事量やトレーニングもセンターバックを意識したものに変え、あまり好きじゃなかったヘディングによる競り合いも死に物狂いで練習しました。こうして、ひょろひょろだったサッカー少年が少しずつ今のようなプレースタイルになっていきました」

前出の深江氏は萩生田氏の一つ後輩にあたり、現在も横浜シニアで一緒に汗を流している。当時の先輩のプレーをどう見ていたのだろうか。

「ハギさんはサイズもありますし、ヘディングや対人プレーにめっぽう強い。長いボールも蹴れますし、とにかく安定感抜群のセンターバックになっていましたね。もともと攻撃的選手だったこともあり、今所属している横浜シニアではコーナーキック時の攻め上がりはもちろん、直接狙えそうなときはフリーキックもわれ先にと蹴っていますよ」

◉最後の選手権予選はまさかのベスト16敗退

　こうして雌伏《しふく》の時期を経て、最上級生となった萩生田氏は、押しも押されもせぬチームの中心選手へと成長した。

「最上級生になってからは、１秒たりともピッチから離れたことはありませんでした。それだけ、先生に信頼していただいていたのではないかと思います。高２のときはまさか自分がセンターバックとしてチームの中心になれるとは思っていなかったです。周りの成長ぶりに自分自身腐りかけたときもありましたが、諦めずにコツコツ続けて本当に良かったと思いますね」

　こうして高校３年生で巡ってきた冬の選手権出場のチャンス。新人戦やインターハイ予選では、県ベスト４の常連となっており、最後の大会では代表権獲得も夢ではないと思っていた。しかし、ベスト16でまさかのＰＫ負けを喫してしまう。

「言い訳に聞こえるかもしれませんが、当時はまだ選手権予選でも土のグラウンドが使われていて、当日はそこに大雨が降った。ぐちゃぐちゃなピッチで、本来の力がまったく出し切れず……。卒業後しばらくしてから『お前たちの代は選手権に行けると思っていた』と先生からおっしゃっていただくほど完成度は高かっただけに、本当に悔しい敗戦でした」

　選手権本大会出場はかなわなかった。しかし、進路を決めていくうえで、新たな目標ができた。それが「全国の舞台で戦い、選抜に入るなど、大学サッカーで結果を残す」ことだった。

「この年、練習試合もよくやりましたが、県内、県外問わず、ほとんど負け知らず。唯一負けたのが、全国高校サッカー選手権で大会連覇を果たした東福岡高校でした。宮原裕司《みやはらゆうじ》選手（元・名古屋グランパスエイトなど）、金古聖司《かねこせいじ》選手（元・鹿島アントラーズなど）、千代反田充選手とのちのJリーガーが名を連ねていたこのチームはやはり強かったです。中でも千代反田選手とはセットプレーで度々マッチアップしましたが、プレッシャーが半端なくて圧倒されました。でも、全国制覇するチームの強度を肌で感じられたことで『追いつくのは簡単ではないが、これから4年間諦めずに鍛え続ければ、そこに近づくことはできるのではないか』と思えたんです。逆に、もし選手権に出場できていたら、それに満足してサッカーを辞めていたかもしれません」

◉俺だってやればできるんだ！

進路として選んだのは、仙台大学だった。弥栄西高校の4つ上の先輩である箕輪義信《みのわよしのぶ》選手（元・川崎フロンターレなど）もたどった道を、自身も歩むことになった。

「ミノさん（箕輪氏）や大学サッカーで成功した先輩方にアドバイスをいただいて、最後は自分で決めました。最初は関東の大学も検討していたのですが、エリートがひしめき合うチームで埋もれてしまうより『東北地方では敵なし』と言われていた仙台大学で頭角を現したいと考えました。そうすれば全国大会に出場したり、地域の選抜に入ったりするチャンスも出てきますからね。母の実家が仙台で、幾分の土地勘があったことも後押しになりました」

高校の卒業式を終えた3日後には、早くも仙台入りし、サッカー部の門を叩いた。

「高校を卒業して同級生は遊びまわっている時期でしたが、ミノさんたちからは『最初のインパクトが大事だぞ』と言われていたので、卒業前からの入念な準備を経て、初日から気合いを入れて練習に臨みました。その甲斐あって、1年生にもかかわらず、3バックの真ん中のポジションで、スタメン起用されることになりました。バック3人のうちミノさんともう一人の4年生が抜けたという幸運もありましたが、とにかく無我夢中でくらいついていましたね」

結果、この年、仙台大学は総理大臣杯（全日本大学サッカートーナメント）でベスト4に進出。最終的に優勝を飾る国士舘大学と準決勝で対戦し、惜しくも敗れた。

「試合には1対2で負けてしまいましたが、エリート集団である国士舘相手に十分手ごたえを感じることができました。市立船橋高校で10番を背負っていた山根伸泉《やまねのぶみつ》選手（元・浦和レッズなど）にも1対1ではほとんど負けませんでしたし、2トップはともに国見高校出身の植田《うえた》洋平《ようへい》選手（現・帝京第五高校サッカー部監督）と白尾秀人《しらおひでひと》選手（元・ヴァンフォーレ甲府など／現・上田西高校サッカー部監督）でしたが、彼ら相手にも一歩も引かずにやれました。『俺もやればできるんだ』と自信になりましたね」

大学トップレベルとしのぎを削る中、2年時、3年時には、北海道・東北選抜としてデンソーカップサッカーにも出場するなど、萩生田氏は着実にプロへの道を駆け上がっていった。

「地域柄、ベガルタ仙台やモンテディオ山形（いずれも当時J2）とよくトレーニングマッチをさせていただくことがあったんですけど、まったく歯が立たないというほどの力の差は感じませんでした。全国やプロのレベルを肌で感じ、プロになってこのレベルでもっと闘いたい、サッカーで飯を食いたいと思うようになりました。弥栄西を紹介してくれた兄も『ここまでやらせてくれたサッカーで結果を出すのが、両親への恩返しにもなるぞ』と後押ししてくれていました。ちなみに、プレーの中でも特にヘディングには相当なこだわりがあり、これで飯を食っていくと腹をくくってからは死ぬほど練習しました。周りが引くくらい、雄叫びを上げ続けました。おでこの骨が今でも凹んでいるんですよ。それくらいヘディングばかりしていましたね」

◉「えっ、これプロ契約じゃん⁉」

ストロングポイントを鍛えに鍛えた萩生田氏は、４年生となり進路選択が迫っていたが、いわゆる就職活動は一切せず、サッカーの道にこだわった。「理想はＪリーグ入り、最低でもＪＦＬ」という目標を掲げ、結果的に当時ＪＦＬのジヤトコへの加入が決まった。

「プロ（Ｊリーグ）にはこだわっていましたが正式オファーは届きませんでした。自ら売り込んで最低でもＪＦＬでプレーし、個人昇格でも良いからステップアップしていけば良いと考えていました。ソニー仙台ＦＣに練習に行かせてもらったり、横河武蔵野ＦＣのセレクションに申し込んだり、北陸電力サッカー部アローズ北陸（現・カターレ富山）にも声をかけられたりといくつかのＪＦＬチームを模索していましたが、最終的に練習参加させていただいていたジヤトコから『来期もＪＦＬで戦えることになったから、全部断ってうちに来てほしい』と言われ、決断しました」

ジヤトコは当時ＪＦＬで下位に低迷し、地域リーグへの降格の可能性があったが、下部カテゴリーとの入れ替え戦に勝利し、なんとかＪＦＬ残留を果たしたのだ。卒業3カ月前の段階で、ついに進路が決定した。しかも、契約社員として半分働きながらサッカーをするものだと思っていた萩生田氏は、契約締結の日に予期せぬ事実を知る。

「『えっ、これプロ契約じゃん⁉』と。ＪＦＡの名前が入った契約書だったと思うんですけど、試合に出場したらいくら、勝ったらいくらみたいな仕組みも含めて、完全にサッカー選手としての契約でした。しかも、学生のころは遠征のたびに支出があったのに、ジヤトコではすべてチームが準備してくれる上に給料までもらえる。ホテルや移動手段の高待遇、ウェアやスパイクの提供、トレーニングは常に天然芝で行うなどのハード面の充実、ロッカールームに行けばユニフォームや補食など全てが準備され試合に集中できる状態、トレーナーが常に帯同しコンディションの維持や怪我のケアやリハビリなどをしっかりサポートしてもらえる環境。とにかく『これぞプロ』というような環境で、とてもＪＦＬとは思えませんでしたし、驚きと喜びの連続でした」

期せずして目標を実現させた萩生田氏。しかし、恵まれた環境でのサッカーは1年と続かなかった。

「その年の9月にチームの解散が発表されたんです。経営的な判断もあったとは思いますが、いずれにしても解散発表後のＪＦＬの試合は、すべて就職活動のつもりで臨んでいました」

◉Ｊリーグ入りのチャンスをなかなか生かせず

ジヤトコ解散のニュースは、サッカー界に知れ渡り、来期の契約を失った萩生田氏を含む多くのプロ選手は、スカウトの注目を集めた。

「このとき、初めて本格的にＪリーグ入りのチャンスが舞い込んできました。ジヤトコからの働きかけもあり、ベガルタ仙台への練習参加の機会をいただいたんです。翌年、小村徳男《おむらのりお》選手（元・横浜Ｆ・マリノスなど）らの退団が決まっていて、センターバックに欠員が出たことから、声がかかりました。スロベニア出身のズデンコ・ベルデニック監督が私のようなフィジカルに強いタイプを起用する傾向があったので、周囲からも『チャンスあるぞ』と。でも、そこで自分の強みを存分に発揮できず、無難なプレーに終始してしまったんです。当時のＧＭからもハッキリと『特徴がよく分からない』と言われてしまいました。今思えば、パスミスしようが、何しようが、自分の特徴をもっと出していれば……と悔いが残りましたね」

Ｊリーグ入りは果たせなかったが、縁あって、同じＪＦＬの佐川印刷ＳＣへ移籍することとなった。今度は完全なプロではなく、社員としての契約であった。午前中練習し、午後は仕事。遠征は出張という扱いだ。「ジヤトコほどではなかったですが、待遇は悪くなかったですよ」と、萩生田氏は語る。そしてここでも再びＪリーグ入りのチャンスを得た。

「チームが京都にあったので、京都パープルサンガ（現・京都サンガF.C.）と練習試合をすることがありました。そこで、崔龍洙《チェ・ヨンス》選手とバチバチにやり合いました。2002年の日韓ワールドカップにも出場していた韓国のエースに対して一歩も引かずやり合えたことで、京都のスカウトに一定の評価をしてもらえました。これも結局は流れてしまいましたけどね」

なかなか上のステージへの道が開けない中、その後は所属チームにおいても不遇な時期を過ごすこととなる。佐川印刷SCを1年半で退団し、新天地を栃木SC（当時JFL）に移した萩生田氏だが、移籍当初こそ試合に出られていたものの、徐々に出場機会を失っていった。持ち前の気持ちの強さで練習に取り組むが、一向にベンチ入りが見えてこない。何より屈辱的だった出来事が、同じセンターバックの選手が出場できなくなり「今度こそ自分が選ばれるだろう」と思ったにもかかわらず、別のポジションの選手がその穴を埋めることになったことだ。

「あのときは本当にプライドが砕け散りましたね。『俺ってそこまで使えない選手なの？』と思いました。その時期はベンチ外が続いていたんですが、スタンドで見ていると複雑な気持ちになってくるんですよ。チームには勝ってほしいけど、そのメンバーで勝ったらまた自分の出番は遠くなるわけじゃないですか。ジヤトコのときから気持ちはずっとプロ選手でしたから、正直自分が出られなければ意味がないと思っていました」

ジャトコ時代、萩生田氏は、チームメイトだった平塚次郎《ひらつかじろう》選手（元・湘南ベルマーレ）から「選手は出てナンボ。上のカテゴリーで出られないなら、カテゴリーを下げてでも試合に出たほうがいいぞ」とアドバイスをもらったという。平塚氏自身、当時Ｊ2だった湘南ベルマーレで試合に出られず、出場機会を求めてＪＦＬのジャトコに移籍した経緯がある。「現役時代、毎試合が就職活動だった」と語る萩生田氏からすれば、試合に絡めなければ就職活動ができなくなる。サッカーで飯を食っている選手にとってこれは死活問題だった。

栃木ＳＣで不遇の1年半を過ごしたのち、萩生田氏は現役最後のチームとなる三菱水島ＦＣ（現・三菱自動車水島ＦＣ）に移籍した。背番号2を背負い、3年間ディフェンダーの中心としてチームを支えた。一度だけ、ＪＦＬの試合を見てくれていたサガン鳥栖のスカウトに興味をもってもらい、一週間練習参加させてもらうことになっていたが、リーグ戦で怪我をしてしまい、その話も流れてしまった。

「もちろん、Ｊリーグも行けるなら行ってみたかったですし、水島では佐川印刷のときと同様に契約社員でしたから、プロ契約を勝ち取りたい気持ちもありました。でも、平塚さんに言われた通り、選手は出てナンボです。このチームでの3年間、ほとんど外されることなく、試合にコンスタントに出場できた。そして3年目、セカンドキャリアを考えた末、その年でユニフォームを脱ぐ決断をしました。29歳でした」

◉この経験を伝えることが自分の使命

仙台大学で体育の教員免許を取得していた萩生田氏は、セカンドキャリアとして教員の道を思い描いていた。それでも、30歳を前にして早すぎる決断ではなかったか。

「自分のサッカーキャリアを振り返ったとき『高校の県選抜にも選ばれないようなサッカー選手が、こんなレベルの高い舞台でやってこられたのは、素直にすごいな』と思えたんですよね。29歳のときにインターネットか何かの情報で、同学年でJFL以上のカテゴリーでサッカーを続けている選手が取り上げられていたんですけど、私を含めてたったの20数人しかいなかったんです。中村憲剛《なかむらけんご》選手（元・川崎フロンターレ）や巻誠一郎《まきせいいちろう》選手（元・ジェフユナイテッド千葉など）らと並んでいた自分の名前を見て『こんなすげー奴らと一緒に出てるじゃん。俺程度の選手がよくここまでできたな』って思えた。どこにでもいる普通のサッカー少年が、エリートでもなんでもないただのサッカー小僧が、プロを経験し、ＪＦＬで7シーズン１００試合以上もプレーできた。この結果を振り返ったとき、困難なことにもめげない精神力やそれに立ち向かう方法、諦めずやり続ければ夢はかなうということを、自身の経験をもとに若い世代に伝えていきたい、伝えることが自身の使命だとも思い、教員の道をセカンドキャリアとして選びました」

幸い、翌年の神奈川県の教員採用においてスポーツ枠があり、そこで採用され、地元で教員として働くことになった。

「大学のときは、体育学部だったこともあり『とりあえず保健体育の教員免許くらい取っとくかー』というくらいの気持ちでしたが、引退を迎えるにあたって『自分の経験や考えを若い選手たちに伝えていきたい』という想いが湧いてきていたので、在学中の自分を褒めてやりたいですね」

保健体育科の教諭兼サッカー部監督として、現在は5校目。自身のサッカーキャリアで培ったものを現在の仕事にどのように生かしているのだろうか。

「ＪＦＬ時代、試合に出られない時期が長かったこともあり、出られない選手の気持ちが分かるようになったことはかなり生きていますね。サッカー部監督としては、どうしても登録メンバーを選ばないといけない。そうなれば当然外れる選手も出てきます。でも、外れた選手にはできる限り事前に『なぜ外れるのか』を伝えるようにしています。理由が分かれば次の行動も変わってきますし『先生は自分のことを配慮してくれている』という信頼関係にも繋がってきます。

もう一つは、周りに感謝できるようになったことですね。高校時代にお世話になった大野先生には、サッカー選手としてだけではなく、教員になるうえでも少なからず影響を受けてきました。教員免許を取得するときは、まだそこまで考えられていませんでしたが、やはり大野先生のような指導者に憧れていたんですよね。今でも何かあればすぐに連絡させていただいており、私の『一生の恩師』だと思っています。

あとは、両親ですね。実は仙台大学在学中、関東遠征の際に両親が試合を見に来てくれたことがありました。息子の姿を一目見ようとわざわざ出向いてくれた両親に対して、恥ずかしさもあってか、つい『他のやつらに見られたくないから、隠れて見てくれない』と言いました。それを聞いた当時のコーチに『お前、誰のおかげで大学まで行かせてもらっているんだ！』とすごい剣幕で怒られました。そのとき自分の小ささに気付かされましたね。学費や遠征費もばかにならない。それでもずっと好きなことをやらせてもらっていたにもかかわらず、見に来てくれた両親を邪魔者扱いしてしまった。そのときから心を入れ替え、引退までできるだけ両親に見に来てもらうようにしていました。ＪＦＬ時代も出場する試合があれば招待していました。つらい時期も諦めずにやり続けられたのは『自分の成長した姿を見せることで、少しでも親孝行を続けたい』という気持ちがあったから。生徒たちにも、親御さんや先生方への感謝の気持ちを常に持ち続けるよう伝えています。また、自分自身も今は『先生』と言われる立場ですから、少しでも生徒たちの人生に良い影響を与えられるよう意識しています」

◉とにかくやり続けることの重要性

最後に、夢や目標を持っている高校生たちに、指導者として普段どのようなことを伝えているのか聞いてみた。

「一つは、矢印を常に自分へ向けることの大切さです。『監督が悪い』とか『周囲のメンバーが分かってくれない』など、試合に絡めなかったり、うまくいかなかったりしたとき、人はどうしても周りに矢印を向けたくなるもの。でもそういうときこそ成長するチャンスととらえ、自分に矢印を向けて努力してほしい。ジヤトコ時代に『勝った次の試合は選手を代えない』と言っていた監督が、勝った次の試合で私のことをスタメンから外したことがあったんです。そのときは全然納得できなかったですし、とても悔しかったので、当時コーチだったリキさん（松橋力蔵《まつはしりきぞう》氏／現・アルビレックス新潟監督）に電話したんですよ。リキさんはそのとき『愚痴られるんだろうな』と思ったらしいんですけど、私が伝えたのは『明日練習するので、付き合ってもらえませんか』というお願いでした。矢印を外に向けたいと思ったときこそ、自分の弱さに負けず、あえて矢印を自分に向ける。これはサッカーに限らず、社会に出た後も大切な考え方かなと思いますね。

もう一つは『とにかくやり続ける』ことの大切さを教えています。やめるのはいつでもできますから。それと、自分で勝手に限界を作らないこと。最近の子たちは、情報に触れる機会がたくさんあるからか、自分の限界を自分で判断しがちです。でも、サッカーは陸上とかと違って、タイムのように明確な基準があるわけではないですよね。評価は周りがするわけだし、いつどのタイミングで良い出会いに恵まれるかも分からないわけです。私の場合、小中学校で全くの無名の存在から、弥栄西高校で大野先生と出会ったことで、センターバックにコンバートしてもらい、結果、ＪＦＬで7年間戦えるプレーヤーに成長させてもらった。こうした経験から、やり続けることの重要性を感じていますし、実際、高校教員としてもサッカー部監督としてもそのような指導をしています。サッカー部監督を務めている縁から、神奈川県高体連技術委員に選んでいただき、Ｕ－17世代の選抜チームの指導をさせていただく機会もあります。この選抜からはのちにＪリーガーになっていく選手もいて、そんな選手たちを間近で教えられるのも指導者冥利に尽きます。これも、サッカーをやり続けてきたことに対するご褒美なのかなと思っています」

萩生田氏とのオンラインインタビューを終えた後、筆者自身のつたないサッカー人生を振り返ってみた。中学時代、試合を見に来た両親についい「来ないでいいから」と言ったことがあった。思春期ゆえの言動ではあったが、それ以来、両親にプレーを見てもらったことはない。当時からすでに30年以上の月日が経ったが、自分が企画し、取材し、書き上げたこの本を両親にプレゼントしたら、少しは親孝行になるだろうか。

遠く故郷に想いを馳せながら、若き日の後悔の記憶を呼び起こし、今になってようやく感謝の念を伝えたいと考えている自分に気が付いた。

第8章

成長は目には見えない。
だからこそ、
一日一日手を抜かずに
取り組んでいく

・名前：伊東 駿多
・生年月日：1991年6月3日
・出身県：東京都
・身長 / 体重（現役時）：171cm / 67kg
・利き足：右
・主なポジション：DF（SB）
・好きな選手：カルバハル
・ライバル：同じポジションの選手
・サッカー歴：
1998-2004 FC85 オールスターズ
2004-2007 ジェフユナイテッド市原（習志野）
2007-2010 前橋育英高校
2010-2014 東京国際大学
2014-2021 東京 23FC
2021-2023 市川 SC

「雑草魂でプロに挑み続けた俊足サイドバック」

伊東駿多《いとうしゅんた》氏（1991年生まれ）

【現職】AIE国際高校サッカー部　副代表兼コーチ

・前橋育英高校時代は、後のJリーガーたちと切磋琢磨するも、公式戦出場はわずか1試合5分。
・東京国際大学4年時、関東大学リーグ2部では、あの伊東純也選手を抑え込む。
・内定を蹴り、再度Jリーグ入りを目指すも、怪我により練習参加ができなくなる。

今でこそ、日本代表はさも当然のようにワールドカップに出場し、代表レベルのメンバーたちは次々と海を渡っている。しかし、わずか30年ほど前までは、ワールドカップに一度も出られず、アジアの中でさえ決して強豪とは言えない地位に甘んじていた。国内にプロリーグもなく「サッカー」は日本ではマイナースポーツと言われていた。一方、野球は違った。プロ野球は毎晩と言っていいほど地上波で放送されていたし、高校野球人気も絶大なるものだった。当然、こうした環境は子どもたちの選択にも影響を与える。野球を身近に感じ、憧れを抱いた子は、野球をプレーする可能性が高まっただろう。ただ、現在においてサッカーを身近に感じ、憧れを抱く子どもの数はＪリーグ開幕以前とは比べ物にならない。もちろん彼らはサッカーをプレーする可能性が高まるだろう。

１９９１年生まれの伊東駿多少年は物心がついたころにはすでにＪリーグが開幕しており、サッカーに憧れた一人である。しかし、彼の場合は少し事情が違った。なぜなら彼の父はセ・リーグ最多勝利タイトルを獲得するなど活躍した、プロ野球選手の伊東《いとう》昭光《あきみつ》投手（元・ヤクルトスワローズ）だったからだ。野球の家系に生まれた伊東氏は、どのようにしてプロサッカー選手を目指すようになったのか。

◉「この先どうするつもりなんだ？」

「『何で野球をしないんだ？　何でサッカーなんだ？』って、それこそ周囲から何万回言われたか分からないですよ。だいたいは聞き流してましたけどね」

インタビューの冒頭、サッカー歴を尋ねると、伊東氏はサッカーを本格的に始めたころのエピソードを笑顔で話してくれた。

「まあ、うちはちょっと特殊でしたよね。父親がプロ野球選手の家庭なんてそうそうあるわけじゃないですから。父は幼かった僕にとって実在している人というよりも『テレビで見る人』でした。所属しているヤクルトを野村克也監督が率いて、何度もリーグ制覇や日本一を果たすなど、とても注目されていた時期でした。『ＩＤ野球』という言葉が有名でしたよね。父自身も、１９９２年にはリーグ優勝時の胴上げ投手となるなど、とても活躍していたことを後から知りました。周囲の方々もその様子をテレビで見ているので『駿多くんも当然野球やるんでしょ?』と思っていたはずです。確かに父の影響もあり、チームにこそ入っていませんでしたが、野球は自然とやっていました。生まれ育った江戸川区が、野球が盛んな地域だったことも一因かもしれません。ただそれと同じくらいハマっていたのがサッカーでした。サッカーは小学2年生くらいから幼なじみに誘われてチームにも入っていました。野球とサッカーを並行して小学4年生くらいまでやっていましたね」

アメリカでは、さまざまなスポーツを同時に楽しみながら、高校や大学くらいで最終的に最も向いているスポーツに絞っていくことは珍しくない。しかし、日本においてはまだまだメインのスポーツは一つという認識が強い時代。伊東少年にも決断の時期がやって来た。

「小学校高学年を迎えるにあたって、父から『この先どうするつもりなんだ？』と聞かれ『サッカー一本でいくよ』と。一応、フラットに聞いてくれてはいましたが、やっぱり内心は野球をやってほしかったみたいでしたけどね。僕としては、野球も好きでしたが、それ以上にサッカーが楽しかったんです。でも父がプロ選手ということもあり、やはりどうせやるなら楽しむだけでなく上を目指そうと思い、サッカーにのめり込みました。幸い、このころにはJリーグもありましたし、サッカーで上のレベルまで行けば父も認めてくれるはずだ、と思っていましたね」

ちなみに、サッカーと野球とで、現在どちらの競技人口が多いかご存知だろうか。あくまでも高校年代（男子）での比較ではあるが、それぞれの部活動の登録者数は次の通りである。

●野球

部員数（硬式）……127、031人（2024年）※117、246人（1982年）

【参考】部員数（軟式）……7、716人（2024年）

【公益財団法人日本高等学校野球連盟HPより】

●サッカー
高体連・男子　……149、434人（2024年3月末現在）
※第2種合計　91、195人（1982年）
【参考】クラブユース連盟・男子……4、187人（2024年3月末現在）
【公益財団法人日本サッカー協会HPより】

かつては、野球部員のほうが多かったが、今では完全にサッカー部員が上回っている。これだけ見ても、いかにサッカーが育成年代において身近かつ魅力的なスポーツになってきているかがうかがい知れる。

◉Jリーグの下部組織に入るも、ユース昇格は叶わず

こうして伊東少年は、持ち前の足の速さを生かしながら、サッカーで頭角を現していく。地元の強豪、FC85オールスターズというチームに所属しながら、トレセンや東京都選抜でも活動を続けた。並行して、小学6年生からは、ジェフユナイテッド市原（現・ジェフユナイテッド千葉）のスクールにも通い始め、その縁でジェフのジュニアユースに昇格することが決まっ

た。

「当時のジェフはまだＵ－12のチームがなくてスクールだけだったんですよね。ただ、ジュニアユースはすでにあったので、外部生を対象としたセレクションのほか、スクール生からも選抜していたみたいで……。それで僕に声がかかったんですよ。セレクションには３００人とか集まってきていたみたいですけどね。ジェフのジュニアユース以外にも、ＦＣ東京Ｕ－15深川や三菱養和ＳＣといった選択肢もあったんですけど、最終的にある程度雰囲気も分かっているジェフにお世話になることにしました」

しかし、中学時代は伊東氏にとって少々苦しい時期だったようだ。まず、小学校時代はＦＷで活躍していたが、オフェンスに優秀な選手が集まるジェフのジュニアユースでは早々にサイドバックにコンバートされた。しかも、試合には絡めていたにもかかわらず、最終的に3年時にユース昇格を果たすことができなかった。

「正直、上がれると思っていたんですけどね。でも、ダメと言われて、内心かなりショックでした。僕、昔から泣き虫なんで、このときも結果を聞いたときは泣きそうになりましたけど、一方強がりでもあるんで『だったら、高校で活躍して見返してやる！』と。幸い、セレクションを受けて、父の母校である帝京高校と前橋育英高校の両方に受かって、結局後者を選びました。理由ですか。どちらも寮生活だったんですけど、どうせ行くなら遠いほうがいいかなと思って。それと、入学を決めてから知ったんですけど、前橋育英高校って素晴らしい実績をもつJリーガーを多数輩出しているんですよね。山口素弘さんや松田直樹さん、細貝萌選手など日本代表クラスもいて、Jリーガーを目指すにはベストな環境だと思ったんです。決して、父から離れたかったわけではないですよ」

◉「ああいうやつらがプロに行くんだろうな」

こうして、高校の進路は前橋育英高校に決まった。第6章で登場した菊地氏の5学年先輩にあたる。やはりというべきか、伊東氏の年代もタレントは豊富だった。同期には皆川佑介《みながわゆうすけ》選手（元・サンフレッチェ広島など／現・ナガワールドFC）、中美慶哉《なかみけいや》選手（元・サガン鳥栖など）、代田敦資《しろたあつし》選手（元・V・ファーレン長崎など）、三浦雄介《みうらゆうすけ》選手（元・Y.S.C.C.横浜など）ら、後にJリーグ入りする選手がズラリ。

「自分もスピードには自信があったんですけど、そんなものは入部早々吹き飛びましたね。ナショナルトレセンに入っているようなメンバーがうじゃうじゃいて、しかもみんなうまいし、でかいし、僕よりも速い。最初は『わざわざ東京から来たのに、これで3年間やっていけるんだろうか……』という危機感しかありませんでした」

サイドバックとして入部したが、一カ月ほどして今度はFWにコンバートされる。理由は「下手」だから。1、2年時は、FWとしてがむしゃらにボールを追いかけ、3年生になってようやくサイドバックに戻してもらえた。

「サイドバックには戻れましたが、ただ僕の代には、木村高彰《きむらたかあき》っていうU－18日本代表候補になるような同期がいたんですよ。で、この木村と完全にポジションがかぶっていたんで、僕と一個下の北爪健吾《きたづめけんご》（現・清水エスパルス）はいつもサブ。学年が上がればスタメンに近づけるかと思いきや、小島秀仁や小牟田洋佑《こむたようすけ》（元・ザスパクサツ群馬など／現・FC ROWDY MORIYA）、川岸祐輔《かわぎしゆうすけ》（元・ザスパクサツ群馬）といった優秀な下級生が次々入ってきては、スタメンに定着していきました。実際、僕がトップチームの公式戦に出られたのは、後にも先にも1試合だけ。それも、9対0と試合の大勢が決まった後の最後の5分間だけでした。インターハイで初めての日本一になるなど、チームとしては結果が出ていましたが、個人的には悔しさばかりの3年間でしたね。中学ではユースに昇格できず、それをバネにと思って群馬まで来たものの、ここでも納得のいく成績を残せなかったです。スタメン組は、関東大学サッカーリーグの明治大学、流通経済大学、法政大学などへの進学が次々と決まっていきました。

でも、僕の進学先はなかなか決まりませんでした。『ああいうやつらがプロに行くんだろうな』と、仲間ながら格の違いを見せつけられたような気にもなっていました。そんな中、なんとか滑り込めたのが、当時埼玉県2部リーグに所属し、翌年度から1部昇格が決まっていた東京国際大学でした。この3年間では駄目だったけど『このまま諦めたくない、あと4年間だけ勝負してみよう』と考え、決意を新たに入学を決めました」

◉Jリーグ入りを諦め、食品会社の営業職の内定を獲得

逆境力。諦めない力。反骨心。伊東氏の決断を言葉に表すとこのような単語が思い浮かぶものの、前橋育英高校時代、実際に渦巻いた感情はそんな簡単にまとめられるようなものではないだろう。強豪校であれば、ほとんど休みもなく、部活動に明け暮れる。普通の学生のように趣味を楽しむ機会も限られている。さまざまな犠牲を払って、打ち込んでいるのだ。たとえ好きだからと言っても、試合に出られないのは誰だって悔しい。その気持ちを抱えて心機一転、大学サッカーへ進んだ。しかし、伊東氏の苦難は大学に入ってもなお続く。

「当時は関東大学サッカーリーグが2部制（現在は3部制）で、県リーグはその下なので、埼玉県1部リーグというのは、3部相当にあたるリーグでした。それでも1学年に80～100

名の部員がいて、僕は3年の半ばまで試合に出られませんでした。応援団長をやっていたんですけど『すぐそこにあるピッチの内側がこんなに遠いなんて……』と毎回思っていましたね。『高校の同期たちは、関東大学サッカーリーグで華々しく活躍しているのに、俺は県リーグでも出番がない……』って。自分としては日々のトレーニングは決して手を抜かなかったつもりです。試合に出られない同期が次々とチームを去って行っても、自分は絶対に4年間やめようとは思わなかった。それでも、チャンスは巡ってこない。正直、すでに3年時にはJリーグ入りは諦めて、普通に働こうと思っていました。実際、4年に上がってほどなくして、食品会社の営業職で内定もいただきました。あとは1年弱サッカーを楽しんで、引退するだけだったはずなんですけどね……」

●あの伊東純也選手にも仕事をさせなかった

普通に就職活動を行い、内定を獲得した伊東氏だったが、ここにきて、サッカーキャリアのほうがにわかに花開き始めていた。

「3年の半ば過ぎになってようやく少しずつ試合に絡めるようになって、さらには埼玉県リーグ優勝と関東大学サッカー大会（1都7県地域対象の関東大学サッカーリーグへの入れ替え校を決定するためのサッカー大会）優勝によって、関東大学サッカーリーグ2部に上がることができたんです。さらに4年時では完全にトップチームに定着してレギュラーの座をつかんでいました。県リーグでの経験もほとんどないまま、関東大学サッカーリーグの試合に出られるようになったんです。しかもこの年、僕たちは2部昇格年度にもかかわらず、開幕からなんと8連勝。チームも自分もめちゃめちゃ調子よくて、連勝の勢いに乗って優勝してしまうんですよ。僕たちは名門大学に行きたくても行けなかったメンバーが多く、いわば雑草魂の塊《かたまり》のようなチーム。泥臭く守り勝つサッカーで、勝ち星を重ねていきました。前橋育英時代の同級生である木村のいる法政大にも確か4対0くらいで勝ったと思います。めっちゃうれしかったのを覚えていますね。前橋育英時代にスタメンだった小牟田や川岸、田中雄一《たなかゆういち》（現・ＶＯＮＤＳ市原Ｖｅｒｔ）のいた駒澤大学とも一歩も引けを取らない戦い（1勝1分）ができました。高校時代、どうしても勝てなかったメンバーと同じフィールドで戦い、こうした結果を得たことで、自分がコツコツと重ねてきた努力は間違ってなかったんだ、と思えるようになったんです。

あと、後に『イナズマ純也』と呼ばれ、日本代表として２０２２年カタールワールドカップにも出場した伊東純也選手（現・スタッド・ランス）のいる神奈川大学とも戦いましたよ。彼は当時確か2年生だったと思うんですけど、とにかく速かったですね。でも、自分も50ｍを

6秒ジャストくらいで走れていましたし、1対1には絶対の自信をもっていたので、彼には点を取らせませんでしたし、抑えきることができました。このシーズン、伊東選手は2部の得点王になりましたが、後から知って『うちらは抑えたけど、彼そんなに点取ってたんだー』と思った記憶があります。

でも、不思議じゃないですか。就職活動して、もう本気のサッカーはやめようと思った途端、つき物が落ちたように結果が出始めるなんて。総理大臣杯全日本大学サッカートーナメントや天皇杯本選といったいわゆる全国大会にも、個人として初めて出場することができました。『ちょっとサッカー、やめたくなくなってきちゃったな』『やっぱりもう一度プロ目指したいな』と気持ちが徐々に変わっていきましたね」

◉内定先に辞退の連絡を入れ、再度Jリーグ入りを目指すも……

とはいえ、伊東氏はすでに就職先も決まっており、そのことを家族にも伝えてしまっていた。父は、息子に対し「よく気持ちに踏ん切りをつけて、就職を決断したな」と褒めてくれた。社会人野球を経て、プロ野球の世界でもまれた昭光氏だけに、プロの厳しさと社会に出ることの大切さのいずれも、身をもって感じていたに違いない。また、大学の監督や同期にも、就職先内定のことは伝えていた。でも、日に日に膨らむプロへの想いに対して、これ以上目を背けることはできなかった。

「『自分、今めちゃくちゃうまくなってるじゃん』『J1は無理かもしれないけど、J2なら可能性あるんじゃないか』『ここで諦めたら絶対後悔する』と、もうあふれる気持ちが止められませんでしたね。実際、リーグ戦では、プロ内定者とやってもスピードでは勝てていましたし、Jリーグのチームと練習試合をやっても、対峙《たいじ》する選手をしっかり止められた。内定先や大学に迷惑をかけてしまうことは重々承知の上、すでに内定式や研修にも参加していた内定先に辞退の連絡を入れ、再度Jリーグ入りを目指すことにしました」

この決断には、関係者の誰もが驚いた。しかし、一度決めたら後ろを振り返らない伊東氏は、卒業が迫る中、とにかく可能性のあるチームの練習参加を繰り返した。

「内定を蹴ってまでチャレンジするわけですから、せっかくならJリーグのチームに入りたかった。大学の監督などのつてを頼りに、J2の水戸ホーリーホックの練習に参加させてもらう一方で、可能性を広げる意味で、翌年からJFLで戦うことになっていたアスルクラロ沼津やレノファ山口、当時関西リーグで戦っていたFC大阪にも顔を出させてもらいました。ただ、なかなか正式オファーはもらえませんでした。水戸に関しては、感触は良かったんですけど、チームの方から最終的に『地元の選手を獲得することになったから申し訳ないけど……』と言われてダメでした。さらに悔しいことに、大学の監督から『お前、就職するって言うから伝えなかったけど、総理大臣杯のとき、ギラヴァンツ北九州（当時Ｊ2）が興味持ってたんだぞ』って聞かされて。急いで『まだチャンスあれば掛け合ってもらえませんか』と頼んだんですけど、時すでに遅しでした」

先が見えない中、焦りもあったのだろうか。翌年が迫りくる年末、練習中に肉離れを起こしてしまい、全治3カ月の診断が下された。これはつまり、サッカーでの就職活動を断念せざるを得ないという通告でもあった。一方、同時期に練習生として各クラブを回っていた大学同期の川島《かわしま》将《のぶゆき》選手（現・藤枝ＭＹＦＣ）はＪＦＬの栃木ウーヴァＦＣ（現・栃木シティＦＣ）加入が決まり、Ｊリーグ入りの足掛かりをつかんだ。また、同じく同期の阿部《あべ》正紀《まさのり》選手は卒業間際に当時Ｊ2だったＦＣ岐阜入りを果たした。

「一緒に頑張っていたメンバーがチャンスをつかんでいく中、僕だけ試合終了ですよ。家族にも『せっかく内定取れてたのに、行くところがなくてどうするのよ！』と呆れられてしまいました……。元来ポジティブ思考の僕もさすがにこのときは落ち込みましたね。『俺、みんなに迷惑かけて、内定まで蹴っておいて何やってんだよ』と。もうすぐおめでたい新年がやってくるのに、僕だけ一人取り残されたような気分で、年越しを迎えました」

◉思いがけず、新たなチャレンジの機会を得る

伊東氏は、ほぼ毎年、出身チームであるFC85オールスターズの初蹴りに参加していた。この年も、プレーはできないものの、顔は出した。そこでふいにチームの関係者から声をかけられた。

「その方は、東京23FC（当時、関東サッカーリーグ1部）にもかかわっていらっしゃる方で『進路が決まっていないらしいな。もし良かったら、うちの社長に話してみようか』と言ってくださったんです。練習会に参加していた数カ月前までは『JFLより下のチームではやりたくない』と思っていましたが、この時はわらにもすがる思いでお願いしました」

後日、東京23FCの社長と話をしてみると、新年度からチームが江戸川区に移転することや、小さいころにプレーすることを夢見ていた江戸川区陸上競技場で試合ができることなど、江戸川区出身の伊東氏にとって、魅力的な条件が整っていた。さらにはジョブ支援と称して、パー

トナー会社にて仕事をしながらサッカーに打ち込める環境も用意してくれるという。クラブのミッションが「世界に通用するフットボールクラブ」というのも胸に響いた。つまりは、世界を目指すためにもまずは国内最高峰であるＪリーグを目指しているクラブであり、一度は諦めかけたＪリーグ入りのチャレンジを続けることができるのだ。

「今でも、当時の東京23ＦＣの関係者の方や社長さんには感謝してもしきれませんね。あのとき無職でサッカーも辞めていたら、今ごろどうなっていたことか……。仕事をしながらにはなりますが、とにかくまずは3年、25歳までプロ入り目指してサッカーをやりきろうと思いました」

こうして、伊東氏の新たな挑戦が始まった。

◉1年目からレギュラーをつかみ、リーグのベストイレブンにも選出

東京23ＦＣはこの年、元Ｊ2所属や元ＪＦＬ所属の選手を含め、20名近くの新入団選手を迎えるなど、ＪＦＬ入りに向け、大幅強化を図っていた。伊東氏としては怪我明けでコンディションはまだまだ上向いていない中、関東サッカーリーグ1部が開幕した。

「開幕戦こそベンチ外でしたが、その試合で前橋育英高校の先輩でもある吉田正樹《よしだまさき》選手（元・横浜ＦＣ、東京ヴェルディなど）が前十字靭帯に全治1年ほどの大怪我を負ってしまい、急きょ同じポジションである僕が、その穴を埋めることになりました。地域リーグとはいえ、想像以上の高いレベルに最初はかなり戸惑いましたね。『えっ、なんでみんなこんなに上手いの？ＪＦＬでもないのに……』という感じでしたよ。でもここで頑張らなければ当然Ｊリーグの道も開けていかないわけです。一度はすべて失った身。これ以上、失うものはないという気持ちでシーズンを戦いました。その結果、なんと1年目からベストイレブンに選出されました。リーグ戦も2位とまずまずの成績でした。ただ、勝ち進めばＪＦＬ入りが近づく『全国社会人サッカー選手権大会』では関東予選決勝でチームを本大会に導く得点を決めたものの、本大会では逆に初戦でイエローカード2枚で後半開始早々に退場処分となって、チームも敗れてしまいました……。当時のチームメイトからは今でもこのときの退場のことはいじられています。結局このときは、チームのＪＦＬ入りはかないませんでしたが『関東サッカーリーグでは活躍したし、もしかしたら個人的にオファーが来るかも……』と期待しましたね。でも、残念ながらオファーはゼロ。本気でオファーを勝ち取ろうと思ったら、大学4年時のように自分で売り込みするくらいのことは必要だったかもしれませんね」

とはいえ、社会人として、サッカーだけでなく仕事もやりながらリズムを作っていくという意味では、決して悪い出だしではない。また、仕事もただ稼ぎを得るためだけではなく、セカンドキャリアに向けて精力的に取り組んでいた。

◉仕事自体にもやりがいを感じる日々

ジョブ支援のパートナー会社として紹介されたのは、アゼリーグループ。グループには「福祉・教育・医療」といった生活に必要不可欠なサービスを提供している会社があった。伊東氏は当初、アゼリーグループの理事長から介護施設での勤務を提案されたが、いずれはサッカーの指導者になりたいという夢があり、その実現の一助とすべく、幼稚園での勤務を願い出た。

朝の7時から9時まで東京23FCの練習に参加してから、幼稚園に向かい、10時から19時まで働く。Jリーグ入りを果たすためには、チームとしてステップアップしていくか、関東サッカーリーグで活躍して、個人として力を認めてもらうしかない。しかも3年という限られた時間の中、焦りもないわけではなかったが、伊東氏は仕事自体にもやりがいを感じていた。

「今は高校生を指導していますが、幼稚園児の面倒を見るのと僕としてはあまり変わらないんですよね。挨拶とかルールを守るといった大事なことは、幼稚園でも高校でも同じですから。

『現役引退後は指導者にも挑戦したい。そのために今経験を積ませてもらっているんだ』という思いで前向きに仕事に取り組んでいました。正直、自分のサッカーにおけるキャリアのことだけを考えたら、もっと時間に融通が利く仕事のほうが良かったかもしれません。でも、引退後のセカンドキャリアを見据えた選択に、父も『良い仕事じゃないか』と言ってくれていました。それから、子どもたちや保護者の方に自分たちのファンになってもらうことも心がけていましたね。東京23FCはJリーグのチームのような知名度があるわけじゃない。だからこそ、選手一人一人が自分たちの勤務先やそれ以外の活動を通じて、試合のPRをしたり、顔を覚えてもらったりする必要があるんです。僕は試合が近づくたびに『しゅんたせんせい、次の試合も頑張るから絶対応援に来てね！』と言って子どもたちを試合に誘っていました。こうやって地元にあるチームが地域に根差しながらJリーグを目指していくというプロセスは、プレーと同じくらい僕にとっては魅力的でしたね」

◉身体も心も限界になるまで、やりきった

サッカーと仕事を両立させながら、Jリーグ入りを目指した3年間。しかし、残念ながら目標には手が届かなかった。特に3年目は、全国地域サッカーチャンピオンズリーグ（通称、地

域CL）まで進出し、この試合に勝てば決勝ラウンドというところまでたどり着いたものの、鈴鹿アンリミテッドFC（現・アトレチコ鈴鹿）に敗れ、涙をのんだ。

「勝負となる3年目。この大会で上位2チーム以内に入れば、JFL昇格が見えてくるということで、気持ちはいやがうえにも高まりました。JFLに昇格すれば、その次の目標はいよいよJリーグ入りということで、自分としてもあと数年頑張ろうと思っていました。でも、結果がついてきませんでした。来年ももう一年頑張って……という気持ちにはなれませんでしたね。身体も心も限界でした。でも、やりきりましたよ。怪我も抱えながら、朝練して、仕事して、土日は試合して……。3年間、自分なりにやりきったと思います」

当時の挫折について語る伊東氏の表情からは、Jリーガーになれなかったという悲壮感よりも、自分の力を出し切ったというすがすがしさがにじみ出ていた。もし、大学卒業時にサッカーをやめていたら今の伊東氏はなかったかもしれない。

◉サッカースクールの立ち上げにも尽力

こうして4年目からは、それまで以上に幼稚園の仕事やチームの裏方業務に取り組むようになった。Jリーガーの夢を諦めたのなら、環境を変える選択肢もあったが、3年の間に伊東氏の中で、チームと会社への愛着が膨れ上がっていた。

「最初はJリーグ入りのステップアップのつもりでしたが、3年間在籍する中で、東京23FCとアゼリーグループでの仕事が大好きになっていたんですよ。それまではとにかく自分が出場して活躍することが一番だったのが、4年目からはチームを盛り上げて勝たせること、そしてこの地元クラブをJFL、Jリーグと上げていくことを最優先に考えるようになりました。駅や街頭での試合開催を告知するチラシ配りなどは今まで以上に率先してやりましたし、試合当日の運営やサッカー教室などのイベントにもより主体的に関わるようになりましたね。また、仕事においては、それまで温めていた『幼稚園の中にサッカースクールを開校する』というアイデアを社長にプレゼンして、許可をもらうことができました。『どうなるか分からないけど、園児が300人もいるんだし、とりあえずやってみようか』と言ってもらえたんです。結果として、この新規事業は大成功。今では5か所の幼稚園で計300名ほどの会員を抱えるスクールに成長し、東京23FCの後輩たちが僕の後を引き継いで運営してくれています」

◉Jリーグを目指す過程で得られた財産

その後、幼稚園の業務とサッカースクールの運営に従事する時間をより一層確保するため、7年間在籍した東京23FCから千葉県社会人サッカーリーグに所属する市川SCに移籍。幼稚園の業務とサッカースクールの運営の傍ら、週2回の練習と週末の試合をベースに2年間活動したのち、長年の夢でもあった高校の指導者としての道を歩むこととなった。

現在、淡路島を拠点として活動するAIE国際高校サッカー部の副代表兼コーチとして活動している伊東氏に、サッカーを通じたこれまでの経験が今の仕事にどのように生きているか聞いてみた。

「そりゃ、めちゃめちゃ生きていますよ。特に、東京23FCとアゼリーグループで学んできたことが大きいと思いますね。人によっては『仕事を抱えながらJリーグを目指すなんて中途半端じゃないか……』と思われるかもしれませんが、たとえJリーガーになれたとしても、選手である以上、いつかは現役を退かなければならないですよね。だとしたら、（東京23FCのように）ジョブ支援があるチームで、プレーしながら社会人経験も積んでおくことで、セカンドキャリアにもスムーズに移行できると思うんです。今僕が勤めているAIE国際高校は淡路島にあるんですけど、これまで地域とチームを繋ぐ活動をしていた経験が相当役立っていま す。たとえば、お祭りやイベントがあれば積極的に生徒たちに手伝いに行かせるようにしてい ます。淡路島は玉ねぎが有名なんですけど、その収穫を手伝わせています。島には若い人が少 ないんで、夏はプールの監視員とかも日替わりで担当させています。そうすると地域の方々が とても喜んでくれる。逆に、われわれのチームが試合するとき、応援に来てくれるようにもな りました。そうやって、地域とチームが融合していくのを見るのが楽しいんですよね。性格的 にも随分と丸くなったと言われます。社会人一年目はめちゃめちゃ尖ってましたから。職場で も、先輩や上司にすぐに噛みついてましたし。当時は、サッカーの世界しか知らなかったです からね。でも、社会でもまれていくうちに、少しずつ感情をコントロールできるようになって いったと自分でも思います。また、人を結束させたり、みんなで一つの目標を実現させたりす るために、自分が一歩引くことも学びました。そう考えると、今の僕にとっては、Ｊリーガー になれなかったことは結果の一つでしかありません。むしろ、その過程で得られたことはそれ を上回るほどの財産になっていると思います」

◉大切なのは「意識を高く持ってやり続ける」こと

最後に、今Jリーガーを目指している中高生にメッセージをお願いした。

「今年、わが校から初のJリーガー（河本大雅《かわもとたいが》選手／藤枝MYFC内定）が誕生しました。彼を見ていてつくづく感じるのですが、とにかく『意識を高くもってやり続ける』ことが大事だと思いますね。正直、人って一日でどれだけ成長できているか、自分ではなかなか分からないじゃないですか。でも、結局成長って一日一日の積み重ねでしか生まれない。だとしたら、その一日一日を無駄にせず、いかに高い意識でやり続けられるかではないかなと思います。高校の同期だった皆川にも同じような思いを抱いています。彼とは1～2年時に下のチームでツートップを組んでいたこともあったんですけど、当時はまさか彼が日本代表に入るとは思っていませんでした。高さもうまさもありましたし、プロにはなれるだろうなと思っていましたけど、日本代表は誰も想像できなかったと思います。でも、彼は高校時も、中央大学に入っても、さらなる高みを目指してコツコツとやり続けていたんですよね。そして、サンフレッチェ広島でその努力が花開き、アギーレ監督時代、本田圭佑《ほんだけいすけ》選手（元・ACミランなど）や大迫《おおさこ》勇也《ゆうや》選手（現・ヴィッセル神戸）とともに日本代表に呼ばれるまでになりました。彼の出場する代表戦を家族と観戦に行きましたが『頑張れ、皆川！』という気持ちと『俺も一度でいいからこんな環境でやってみたかったな』という気持ちとが、両方湧いてきました。

あと、Jリーガーになれなかった僕が言うのは説得力に欠けるかもしれませんが、やり続けることがなぜ大事かという理由をもう一つあげると、人は成長のピークがいつ訪れるか分からないからなんです。僕の場合、中学ではユースに上がれず、高校ではスタメンになれず、トップチームの相手役として紅白戦で気を吐くのがやっとだった。大学でも3年まではほとんど試合に絡めなかった。それなのに、4年生でプロにも注目してもらえるほどの急成長を遂げることができた。もし当時、自分自身をもっと信じてサッカーにこだわっていれば、別の人生が待っていたかもしれない。後悔しているわけではないですが、こうした自分の経験を、一人でも多くの若者たちに伝えていけたらと思いますね」

伊東氏にはこんな記憶がある。1996年、父・昭光氏が対読売ジャイアンツ戦で、吉村《よしむら》禎章《さだあき》選手の打球を利き腕の右手で止め、骨折して帰宅した。全治2か月。そのため、本来なら参加できなかったはずの翌日の運動会に父がギプス姿で応援に来てくれた。プロ野球選手である昭光氏としては心身ともにつらい怪我だったことは想像に難くない。しかし、父が応援してくれる運動会は駿多少年にとってかけがえのない思い出となった。

怪我とは、誰しもできれば遭遇したくないものだ。一方、それによって生まれる機会や出会いは、他の誰かを幸せにすることもあり得るのだ。伊東氏の場合、大学4年時の怪我があったからこそ、東京23ＦＣと巡り合い、父と自身の地元である江戸川区の子どもたちへのスポーツ普及に一役買うことができた。「しゅんたせんせい」に教えてもらった幼稚園児の中には、高校生になった今でもサッカーを続けている子もいるという。

これらのエピソードに触れ、がん罹患を機にそれまで望んでいたキャリアを失ってしまった筆者の現在の活動もまた、どこかで誰かしらの役には立っているのかもしれない、と思うことができた。人生まだまだこれからだ。伊東氏も、筆者も、そしてこの本を読んでくれたあなたもきっと……。

おわりに

8名のサッカー選手たち（あえて「元」とは書かない）の話の後で、恐れ多くもあるのだが、最後に少しだけ筆者自身のサッカー人生を振り返らせてもらいたい。筆者は、1979年広島県生まれ。幼少期は、父親の仕事の関係で2～3年おきに引っ越しを繰り返した。一人っ子ということもあり、転居先でもし友達ができなくても遊べるようにと、5歳くらいからサッカーボールを買ってもらって蹴っていた記憶がある。愛読書は『キャプテン翼』（高橋陽一著）。最新刊をねだっては、擦り切れるくらい読みふける。転校を重ねながらも常にサッカー仲間に恵まれる岬君に自分を重ねていた。

小学3年生からは愛知県の「愛知FC」で本格的にサッカーを始めた。4年生でまた引っ越しをして、埼玉県浦和市（現・さいたま市）の「北浦和サッカースポーツ少年団」に入団。5年時にMFからDFにコンバートされ、6年時には運よく、FC浦和（浦和市内の選抜チーム）の候補に選出された。最終的には落選してしまったが、選抜チームでの練習や遠征などを通じて、少しばかり自信をつけることができた。小学校の卒業文集では、日本代表としてワールドカップに出場している。

中学は広島市へ。サッカー部に入部し、第4章に登場した柴田氏らと活動をともにした。しかし、儚い自信は、全国大会に出場し、年代別の代表になるレベルの柴田氏の前では脆くも崩れ去っていった。

幸い、中学1年から公式戦には出させてもらっていたが、当時はFW登録ながら3年間で2得点しか挙げられず、このころから自分のサッカー選手としての限界を感じ始める。高校では心機一転サッカーに打ち込もうと東京の中堅私学に進むも、仮入部の段階でドロップアウトしてしまう。身体的なしごきであればいくらでも耐えられると思っていたが、精神的な嫌がらせ（それもふるい落としの一つだったのだろうが……）に心が折れた。小学生のころから憧れていた全国高校サッカー選手権大会への挑戦権を失った瞬間だった。

今思えば、どれだけ死ぬ気で練習したとしても、自分の力量では選手権出場はかなわなかっただろう。しかし、ろくにチャレンジもせずドロップアウトしてしまったことは、その後の筆者の人生において、小さくない影を落とし続けた。

半年ほど無気力な生活を送った後、やはりサッカーへの思いを捨てきれず、地域のクラブチーム「むさしのＦＣ」にお世話になることに。トップチームが東京都社会人サッカーリーグ1部（当時）に所属するクラブのユースの一員として、週に3～4回程度、楽しみながらサッカーを続けた。

その後、大学、社会人と同クラブで活動を続け、27歳のとき、東京都社会人サッカーリーグ2部でのシーズンをもって、一線から退くことを決めた。この2部での1年間は、当時の自分にとって限界と言えるほど、熱くプレーした。

それまで筆者は、セカンドチームにおいて東京都社会人サッカーリーグ3部リーグまでしか経験しておらず、トップチームかつ2部リーグ以上は未知の世界だった。わずかカテゴリー1つの違いだが、高校の部活もまともにやり切っていない自分にとっては、この1つの違いが想像以上に大きく、不安があった。

しかし、せっかくトップチームから声をかけてもらったのだし（当時の2部は前後の試合を行うチームから審判を出さなければならず、そのときのトップチームには登録審判員が足りなかったという幸運もあったのだが）、とにかくあと一年間やれるだけやってみようと腹をくくった。20歳のころから吸っていたタバコをやめ、仕事もそこそこに平日は週3回ほど練習に通う。土日は試合、公式戦の前後は審判と自分ができるギリギリまでトライした。

1年間で肋骨を2回折り、スタメン落ちも経験した。それでも、Jリーグの下部組織出身者や、全国高校サッカー選手権大会出場経験者といった自分より遥かに実力のある後輩たちにしがみついていった。

その甲斐があり、2部優勝、1部昇格という結果を残すことができた。自分の貢献度など微々たるものだが、このときからようやく中学、高校時代の不完全燃焼感が少しずつ薄れていったように思う。

翌シーズン、チームは東京都社会人リーグ1部を戦ったが、筆者は新たな勤務先での仕事の忙しさを理由に、一切参加しなかった。というより、2部の時点で限界を感じ、さらに上のカテゴリーにチャレンジする勇気も自信も、もはや持ち合わせていなかった。

ちなみに、その転職先というのが、社内報などの制作会社で、この年は筆者がライターとして人生の新たなスタートを切った年でもあった。

それから約18年の歳月を経て、サッカーを題材とした自分の著書が出せるようになるなど、当時は想像もしていなかった。中途半端かつたいした実績もない筆者のサッカー歴が、こうして役立つときがくるとは、人生何があるか分からない。それもすべては、サッカーというスポーツを取り巻く人間関係のおかげなのかもしれない。

さて、2024年1月から約半年にわたって、8名のサッカー選手たちにオンラインインタビューをさせていただいた。その中には、筆者の直接の知り合いは2名しかおらず、残りの

6名は、知人の紹介や、さらにその紹介といった形で依頼をさせていただいた。しかも、自身の挫折経験を世の中に開示するという内容だけに、正直に書くと人選は難航した。それだけに、今回協力いただいた8名の方々には感謝してもしきれないし、彼らの勇気に心から敬意を表したいと思う。

インタビューを重ねれば重ねるほど、筆者自身の考え方が変わっていくことを実感した6カ月間だった。最初は挫折との向き合い方のようなテーマをイメージしていたが、皆さんの口から出てくるのは、そんな小さなくくりではなく「人生そのもの」だった。物心ついたときからボールを蹴りはじめ、そして今もシニアサッカーや指導者としてボールを蹴っている。つまり、人生のほとんどをボールとともに過ごしているのだ。Jリーガーという目標は大きな分岐点だったに違いないが、それが実現されなかったからといってサッカーから遠ざかっている人は皆無だった。そんな人生を賭けてきた方々の言葉に触れるにつれ、自分自身の挫折経験のなんと小さなことか、サッカーへの向き合い方のなんと中途半端だったことかと頭が下がりっぱなしだった。読者の方々にとっても、さまざまな捉え方があるだろうが、今もし夢破れそうな時期だったとしても、人生はまだまだ続くし、サッカーは自ら捨てない限り私たちのそばにあり続ける。それだけは覚えておいてほしい。

今回のインタビューに快く応じてくださった深江洋光さん、我妻誠一さん、大森圭悟さん、柴田直治さん、迫田和憲さん、菊地匡亮さん、萩生田真也さん、伊東駿多さんに心からの感謝をお伝えいたします。また、彼らを紹介してくださった太川龍さん、奈良崎寛《ならざきひろし》さん、長島大亮さん、田渕泰行《たぶちやすゆき》さん、佐田有希さん、井上希《いのうえのぞみ》さんにも感謝申し上げます。

そして、本書出版にあたって、多大なるご尽力をいただきました西葛西出版代表の中村慎太郎さんにも大変お世話になりました。初めてお会いしたとき、企画が通るか不安だった私の背中を中村さんが力強く押してくださったおかげで、この本を世に出すことができました。

その他にも、小学生からこれまで、サッカーを通じて本当にたくさんの出会いがありました。こうしたご縁が繋がり、本書は形になったと思っています。私に関わってくださったすべての方々に「ありがとう」の気持ちをお伝えしたいと思います。

最後に、私自身がここまでサッカーに携わる支えとなってくれた父と母、妻。全国高校サッカー選手権大会をはじめ、さまざまなカテゴリーのサッカー観戦に付き合ってくれる長男。そして、観戦はあまり好きではなく、もっぱらプレーを楽しんでいる次男にも感謝を伝えて、本書を結びたいと思います。

令和6年11月　花木裕介

ご支援ありがとうございます

本書は先行販売において、151名の皆様からご支援いただきました。ありがとうございました。 ※2024年11月24日時点

このページでは、以下のプランにご支援いただいた方のうち、ご希望があった方のお名前を掲載させていただいております。

※順不同、敬称略とさせていただいております。

ご用意しましたプランは、

「お名前掲載＆著者直筆メッセージプラン」

「クラブチーム・法人お名前プラン」

「著者応援プラン」

の3つです。


西葛西出版では、新刊を発売する際に先行販売をおこなっております。新刊の情報は、西葛西出版 YouTube や公式ウェブサイト、SNS などをご確認ください。

今後とも、変わらぬご愛顧のほど、何卒よろしくお願い申し上げます。

法人お名前

Y4株式会社
久保田佳行

新道開発株式会社
徳武道人

（順不同、敬称略）

お名前

重村潤一朗
久保田佳行
大歳篤
渡邊定夫
橋本智
岩澤純
久高真紀子
渡辺宏幸
吉野努
根津智和
新家幹弘
出口正夫

櫛橋輝征
戸田良行
奥陽二
南茂雄
高比良正弘
阿部晃佑
塩崎需洋
樋口陽一
田渕泰行
福原房子
佐田有希
金子賢一

菊間孝史
市村和哉
長内陽知
横山正知
高橋直美
押見雄平
東野美智子
槇本和己
櫻林佐知子
荒神愛

（順不同、敬称略）

カバーデザイン：吉野努
DTP：荒井ひなこ
編集：中村慎太郎
編集協力：大城あしか、古林恭、荒井誉志宗、浅原黎

Catch the Rainbow
Jリーグを目指した選手たちの挫折と再生の記録

2024年12月10日　初版第1刷発行

[　著　] 花木裕介
[発 行] 株式会社西葛西出版
〒134-0083 東京都江戸川区中葛西1-3-12
[T E L] 03-6808-6111　[F A X] 03-6808-6112
[e-mail] info@nishikasaibooks.jp
[印刷・製本] 三松堂印刷株式会社

Printed in Japan
ISBN978-4-910712-02-4